全国普法学习读本
★ ★ ★ ★ ★

机动车辆管理法律法规学习读本

机动车安全驾驶法律法规

■ 胡元斌 主编

加大全民普法力度，建设社会主义法治文化，树立宪法法律至上、法律面前人人平等的法治理念。

——中国共产党第十九次全国代表大会《决胜全面建成小康社会 夺取新时代中国特色社会主义伟大胜利》

汕头大学出版社

图书在版编目（CIP）数据

机动车安全驾驶法律法规／胡元斌主编．－－汕头：汕头大学出版社，2023.4（重印）

（机动车辆管理法律法规学习读本）

ISBN 978-7-5658-3446-2

Ⅰ．①机… Ⅱ．①胡… Ⅲ．①机动车-交通运输管理-法规-中国-学习参考资料 Ⅳ．①D922.144

中国版本图书馆 CIP 数据核字（2018）第 000912 号

机动车安全驾驶法律法规　JIDONGCHE ANQUAN JIASHI FALÜ FAGUI

主　　编：	胡元斌
责任编辑：	邹　峰
责任技编：	黄东生
封面设计：	大华文苑
出版发行：	汕头大学出版社
	广东省汕头市大学路 243 号汕头大学校园内　邮政编码：515063
电　　话：	0754-82904613
印　　刷：	三河市元兴印务有限公司
开　　本：	690mm×960mm 1/16
印　　张：	18
字　　数：	226 千字
版　　次：	2018 年 1 月第 1 版
印　　次：	2023 年 4 月第 2 次印刷
定　　价：	59.60 元（全 2 册）

ISBN 978-7-5658-3446-2

版权所有，翻版必究

如发现印装质量问题，请与承印厂联系退换

前　言

习近平总书记指出："推进全民守法，必须着力增强全民法治观念。要坚持把全民普法和守法作为依法治国的长期基础性工作，采取有力措施加强法制宣传教育。要坚持法治教育从娃娃抓起，把法治教育纳入国民教育体系和精神文明创建内容，由易到难、循序渐进不断增强青少年的规则意识。要健全公民和组织守法信用记录，完善守法诚信褒奖机制和违法失信行为惩戒机制，形成守法光荣、违法可耻的社会氛围，使遵法守法成为全体人民共同追求和自觉行动。"

中共中央、国务院曾经转发了中央宣传部、司法部关于在公民中开展法治宣传教育的规划，并发出通知，要求各地区各部门结合实际认真贯彻执行。通知指出，全民普法和守法是依法治国的长期基础性工作。深入开展法治宣传教育，是全面建成小康社会和新农村的重要保障。

普法规划指出：各地区各部门要根据实际需要，从不同群体的特点出发，因地制宜开展有特色的法治宣传教育坚持集中法治宣传教育与经常性法治宣传教育相结合，深化法律进机关、进乡村、进社区、进学校、进企业、进单位的"法律六进"主题活动，完善工作标准，建立长效机制。

特别是农业、农村和农民问题，始终是关系党和人民事业发展的全局性和根本性问题。党中央、国务院发布的《关于推进社会主义新农村建设的若干意见》中明确提出要"加强农村法制建设，深入开展农村普法教育，增强农民的法制观念，提高农民依法行使权利和履行义务的自觉性。"多年普法实践证明，普及法律知识，提高法制观念，增强全社会依法办事意识具有重要作用。特别是在广大农村进行普法教育，是提高全民法律素质的需要。

多年来，我国在农村实行的改革开放取得了极大成功，农村发生了翻天覆地的变化，广大农民生活水平大大得到了提高。但是，由于历史和社会等原因，现阶段我国一些地区农民文化素质还不高，不学法、不懂法、不守法现象虽然较原来有所改变，但仍有相当一部分群众的法制观念仍很淡化，不懂、不愿借助法律来保护自身权益，这就极易受到不法的侵害，或极易进行违法犯罪活动，严重阻碍了全面建成小康社会和新农村步伐。

为此，根据党和政府的指示精神以及普法规划，特别是根据广大农村农民的现状，在有关部门和专家的指导下，特别编辑了这套《全国普法学习读本》。主要包括了广大人民群众应知应懂、实际实用的法律法规。为了辅导学习，附录还收入了相应法律法规的条例准则、实施细则、解读解答、案例分析等；同时为了突出法律法规的实际实用特点，兼顾地方性和特殊性，附录还收入了部分某些地方性法律法规以及非法律法规的政策文件、管理制度、应用表格等内容，拓展了本书的知识范围，使法律法规更"接地气"，便于读者学习掌握和实际应用。

在众多法律法规中，我们通过甄别，淘汰了废止的，精选了最新的、权威的和全面的。但有部分法律法规有些条款不适应当下情况了，却没有颁布新的，我们又不能擅自改动，只得保留原有条款，但附录却有相应的补充修改意见或通知等。众多法律法规根据不同内容和受众特点，经过归类组合，优化配套。整套普法读本非常全面系统，具有很强的学习性、实用性和指导性，非常适合用于广大农村和城乡普法学习教育与实践指导。总之，是全国全民普法的良好读本。

目 录

机动车登记规定

第一章　总　则 ……………………………………（1）
第二章　登　记 ……………………………………（3）
第三章　其他规定 …………………………………（16）
第四章　法律责任 …………………………………（21）
第五章　附　则 ……………………………………（23）

机动车登记工作规范

第一章　总　则 ……………………………………（28）
第二章　登记程序 …………………………………（29）
第三章　其他规定 …………………………………（44）
第四章　机动车档案 ………………………………（49）
第五章　嫌疑车辆调查 ……………………………（52）
第六章　附　则 ……………………………………（53）

机动车驾驶证申领和使用规定

第一章　总　则 ……………………………………（55）
第二章　机动车驾驶证申请 ………………………（57）
第三章　机动车驾驶人考试 ………………………（64）
第四章　发证、换证、补证 ………………………（72）
第五章　机动车驾驶人管理 ………………………（75）
第六章　法律责任 …………………………………（83）

第七章　附　则…………………………………（86）
附　录
　　出租汽车驾驶员从业资格管理规定………………………（90）
　　关于机动车驾驶证自学直考试点的公告 ………………（100）
　　关于推进机动车驾驶人培训考试制度改革的意见 ………（104）

机动车驾驶员培训管理规定

第一章　总　则……………………………………（114）
第二章　经营许可…………………………………（115）
第三章　教练员管理………………………………（122）
第四章　经营管理…………………………………（123）
第五章　监督检查…………………………………（125）
第六章　法律责任…………………………………（126）
第七章　附　则……………………………………（128）

其　他

关于办理醉酒驾驶机动车刑事案件适用法律
　若干问题的意见…………………………………（130）
公安部关于加强吸毒人员驾驶机动车管理的通知 …………（134）

机动车登记规定

中华人民共和国公安部令
第 124 号

《公安部关于修改〈机动车登记规定〉的决定》已经 2012 年 8 月 21 日公安部部长办公会会议通过，现予发布施行。

公安部部长
2012 年 9 月 12 日

（2008 年 5 月 27 日中华人民共和国公安部令第 102 号发布；根据 2012 年 9 月 12 日《公安部关于修改〈机动车登记规定〉的决定》修正）

第一章 总 则

第一条 根据《中华人民共和国道路交通安全法》及其实施条例的规定，制定本规定。

第二条 本规定由公安机关交通管理部门负责实施。

省级公安机关交通管理部门负责本省（自治区、直辖市）机动车登记工作的指导、检查和监督。直辖市公安机关交通管理部门车辆管理所、设区的市或者相当于同级的公安机关交通管理部门车辆管理所负责办理本行政辖区内机动车登记业务。

县级公安机关交通管理部门车辆管理所可以办理本行政辖区内摩托车、三轮汽车、低速载货汽车登记业务。条件具备的，可以办理除进口机动车、危险化学品运输车、校车、中型以上载客汽车以外的其他机动车登记业务。具体业务范围和办理条件由省级公安机关交通管理部门确定。

警用车辆登记业务按照有关规定办理。

第三条 车辆管理所办理机动车登记，应当遵循公开、公正、便民的原则。

车辆管理所在受理机动车登记申请时，对申请材料齐全并符合法律、行政法规和本规定的，应当在规定的时限内办结。对申请材料不齐全或者其他不符合法定形式的，应当一次告知申请人需要补正的全部内容。对不符合规定的，应当书面告知不予受理、登记的理由。

车辆管理所应当将法律、行政法规和本规定的有关机动车登记的事项、条件、依据、程序、期限以及收费标准、需要提交的全部材料的目录和申请表示范文本等在办理登记的场所公示。

省级、设区的市或者相当于同级的公安机关交通管理部门应当在互联网上建立主页，发布信息，便于群众查阅机动车登记的有关规定，下载、使用有关表格。

第四条 车辆管理所应当使用计算机登记系统办理机动车登记，并建立数据库。不使用计算机登记系统登记的，登记无效。

计算机登记系统的数据库标准和登记软件全国统一。数据库能够完整、准确记录登记内容，记录办理过程和经办人员信息，并能够实时将有关登记内容传送到全国公安交通管理信息系统。计算机登记系统应当与交通违法信息系统和交通事故信息系统实行联网。

第二章 登 记

第一节 注册登记

第五条 初次申领机动车号牌、行驶证的，机动车所有人应当向住所地的车辆管理所申请注册登记。

第六条 机动车所有人应当到机动车安全技术检验机构对机动车进行安全技术检验，取得机动车安全技术检验合格证明后申请注册登记。但经海关进口的机动车和国务院机动车产品主管部门认定免予安全技术检验的机动车除外。

免予安全技术检验的机动车有下列情形之一的，应当进行安全技术检验：

（一）国产机动车出厂后两年内未申请注册登记的；

（二）经海关进口的机动车进口后两年内未申请注册登记的；

（三）申请注册登记前发生交通事故的。

专用校车办理注册登记前，应当按照专用校车国家安全技术标准进行安全技术检验。

第七条 申请注册登记的，机动车所有人应当填写申请表，交验机动车，并提交以下证明、凭证：

（一）机动车所有人的身份证明；

（二）购车发票等机动车来历证明；

（三）机动车整车出厂合格证明或者进口机动车进口凭证；

（四）车辆购置税完税证明或者免税凭证；

（五）机动车交通事故责任强制保险凭证；

（六）车船税纳税或者免税证明；

（七）法律、行政法规规定应当在机动车注册登记时提交的其他证明、凭证。

不属于经海关进口的机动车和国务院机动车产品主管部门规定免予安全技术检验的机动车，还应当提交机动车安全技术检验合格证明。

车辆管理所应当自受理申请之日起二日内，确认机动车，核对车辆识别代号拓印膜，审查提交的证明、凭证，核发机动车登记证书、号牌、行驶证和检验合格标志。

第八条 车辆管理所办理消防车、救护车、工程救险车注册登记时，应当对车辆的使用性质、标志图案、标志灯具和警报器进行审查。

车辆管理所办理全挂汽车列车和半挂汽车列车注册登记时，应当对牵引车和挂车分别核发机动车登记证书、号牌和行驶证。

第九条 有下列情形之一的，不予办理注册登记：

（一）机动车所有人提交的证明、凭证无效的；

（二）机动车来历证明被涂改或者机动车来历证明记载的机动车所有人与身份证明不符的；

（三）机动车所有人提交的证明、凭证与机动车不符的；

（四）机动车未经国务院机动车产品主管部门许可生产或者未经国家进口机动车主管部门许可进口的；

（五）机动车的有关技术数据与国务院机动车产品主管部门公告的数据不符的；

（六）机动车的型号、发动机号码、车辆识别代号或者有关技术数据不符合国家安全技术标准的；

（七）机动车达到国家规定的强制报废标准的；

（八）机动车被人民法院、人民检察院、行政执法部门依法查封、扣押的；

（九）机动车属于被盗抢的；

（十）其他不符合法律、行政法规规定的情形。

第二节 变更登记

第十条 已注册登记的机动车有下列情形之一的，机动车所有人应当向登记地车辆管理所申请变更登记：

（一）改变车身颜色的；

（二）更换发动机的；

（三）更换车身或者车架的；

（四）因质量问题更换整车的；

（五）营运机动车改为非营运机动车或者非营运机动车改为营运机动车等使用性质改变的；

（六）机动车所有人的住所迁出或者迁入车辆管理所管辖区域的。

机动车所有人为两人以上，需要将登记的所有人姓名变更为其他所有人姓名的，可以向登记地车辆管理所申请变更登记。

属于本条第一款第（一）项、第（二）项和第（三）项规定的变更事项的，机动车所有人应当在变更后十日内向车辆管理所申请变更登记；属于本条第一款第（六）项规定的变更事项的，机动车所有人申请转出前，应当将涉及该车的道路交通安全违法行为和交通事故处理完毕。

第十一条 申请变更登记的，机动车所有人应当填写申请表，交验机动车，并提交以下证明、凭证：

（一）机动车所有人的身份证明；

（二）机动车登记证书；

（三）机动车行驶证；

（四）属于更换发动机、车身或者车架的，还应当提交机动车安全技术检验合格证明；

（五）属于因质量问题更换整车的，还应当提交机动车安全技术检验合格证明，但经海关进口的机动车和国务院机动车产品主管部门认定免予安全技术检验的机动车除外。

车辆管理所应当自受理之日起一日内，确认机动车，审查提交的证明、凭证，在机动车登记证书上签注变更事项，收回行驶证，重新核发行驶证。

车辆管理所办理本规定第十条第一款第（三）项、第（四）项和第（六）项规定的变更登记事项的，应当核对车辆识别代号拓印膜。

第十二条　车辆管理所办理机动车变更登记时，需要改变机动车号牌号码的，收回号牌、行驶证，确定新的机动车号牌号码，重新核发号牌、行驶证和检验合格标志。

第十三条　机动车所有人的住所迁出车辆管理所管辖区域的，车辆管理所应当自受理之日起三日内，在机动车登记证书上签注变更事项，收回号牌、行驶证，核发有效期为三十日的临时行驶车号牌，将机动车档案交机动车所有人。机动车所有人应当在临时行驶车号牌的有效期限内到住所地车辆管理所申请机动车转入。

申请机动车转入的，机动车所有人应当填写申请表，提交身份证明、机动车登记证书、机动车档案，并交验机动车。机动车在转入时已超过检验有效期的，应当在转入地进行安全技术检验并提交机动车安全技术检验合格证明和交通事故责任强制保险凭证。车辆管理所应当自受理之日起三日内，确认机动车，核对车辆识别代号拓印膜，审查相关证明、凭证和机动车档案，在机动车登记证书上签注转入信息，核发号牌、行驶证和检验合格标志。

第十四条　机动车所有人为两人以上，需要将登记的所有人姓名变更为其他所有人姓名的，应当提交机动车登记证书、行驶证、变更前和变更后机动车所有人的身份证明和共同所有的公证证明，但属于夫妻双方共同所有的，可以提供《结婚证》或者证明夫妻关系的《居民户口簿》。

变更后机动车所有人的住所在车辆管理所管辖区域内的，车辆管理所按照本规定第十一条第二款的规定办理变更登记。变更后机动车所有人的住所不在车辆管理所管辖区域内的，迁出地和迁入地车辆管理所按照本规定第十三条的规定办理变更登记。

第十五条　有下列情形之一的，不予办理变更登记：

（一）改变机动车的品牌、型号和发动机型号的，但经国务院机动车产品主管部门许可选装的发动机除外；

（二）改变已登记的机动车外形和有关技术数据的，但法律、法规和国家强制性标准另有规定的除外；

（三）有本规定第九条第（一）项、第（七）项、第（八）项、第（九）项规定情形的。

第十六条　有下列情形之一，在不影响安全和识别号牌的情况下，机动车所有人不需要办理变更登记：

（一）小型、微型载客汽车加装前后防撞装置；

（二）货运机动车加装防风罩、水箱、工具箱、备胎架等；

（三）增加机动车车内装饰。

第十七条　已注册登记的机动车，机动车所有人住所在车辆管理所管辖区域内迁移或者机动车所有人姓名（单位名称）、联系方式变更的，应当向登记地车辆管理所备案。

（一）机动车所有人住所在车辆管理所管辖区域内迁移、机动车所有人姓名（单位名称）变更的，机动车所有人应当提交身份证明、机动车登记证书、行驶证和相关变更证明。车辆管理所应当自受理之日起一日内，在机动车登记证书上签注备案事项，重新核发行驶证。

（二）机动车所有人联系方式变更的，机动车所有人应当提交身份证明和行驶证。车辆管理所应当自受理之日起一日内办理备案。

机动车所有人的身份证明名称或者号码变更的，可以向登记地车辆管理所申请备案。机动车所有人应当提交身份证明、机动车登记证书。车辆管理所应当自受理之日起一日内，在机动车登记证书上签注备案事项。

发动机号码、车辆识别代号因磨损、锈蚀、事故等原因辨认不清或者损坏的，可以向登记地车辆管理所申请备案。机动车所有人应当提交身份证明、机动车登记证书、行驶证。车辆管理所应当自受理之日起一日内，在发动机、车身或者车架上打刻原发动机号码或者原车辆识别代号，在机动车登记证书上签注备案事项。

第三节　转移登记

第十八条　已注册登记的机动车所有权发生转移的，现机动车所有人应当自机动车交付之日起三十日内向登记地车辆管理所申请转移登记。

机动车所有人申请转移登记前，应当将涉及该车的道路交通安全违法行为和交通事故处理完毕。

第十九条　申请转移登记的，现机动车所有人应当填写申请表，交验机动车，并提交以下证明、凭证：

（一）现机动车所有人的身份证明；

（二）机动车所有权转移的证明、凭证；

（三）机动车登记证书；

（四）机动车行驶证；

（五）属于海关监管的机动车，还应当提交《中华人民共和国海关监管车辆解除监管证明书》或者海关批准的转让证明；

（六）属于超过检验有效期的机动车，还应当提交机动车安全技术检验合格证明和交通事故责任强制保险凭证。

现机动车所有人住所在车辆管理所管辖区域内的，车辆管理所应当自受理申请之日起一日内，确认机动车，核对车辆识别代号拓印膜，审查提交的证明、凭证，收回号牌、行驶证，确定新的机动车号牌号码，在机动车登记证书上签注转移事项，重新核发号牌、行驶证和检验合格标志。

现机动车所有人住所不在车辆管理所管辖区域内的，车辆管理所应当按照本规定第十三条的规定办理。

第二十条 有下列情形之一的，不予办理转移登记：

（一）机动车与该车档案记载内容不一致的；

（二）属于海关监管的机动车，海关未解除监管或者批准转让的；

（三）机动车在抵押登记、质押备案期间的；

（四）有本规定第九条第（一）项、第（二）项、第（七）项、第（八）项、第（九）项规定情形的。

第二十一条 被人民法院、人民检察院和行政执法部门依法没收并拍卖，或者被仲裁机构依法仲裁裁决，或者被人民法院调解、裁定、判决机动车所有权转移时，原机动车所有人未向现机动车所有人提供机动车登记证书、号牌或者行驶证的，现机动车所有人在办理转移登记时，应当提交人民法院出具的未得到机动车登记证书、号牌或者行驶证的《协助执行通知书》，或者人民检察院、行政执法部门出具的未得到机动车登记证书、号牌或者行驶证的证明。车辆管理所应当公告原机动车登记证书、

— 9 —

号牌或者行驶证作废,并在办理转移登记的同时,补发机动车登记证书。

第四节　抵押登记

第二十二条　机动车所有人将机动车作为抵押物抵押的,应当向登记地车辆管理所申请抵押登记;抵押权消灭的,应当向登记地车辆管理所申请解除抵押登记。

第二十三条　申请抵押登记的,机动车所有人应当填写申请表,由机动车所有人和抵押权人共同申请,并提交下列证明、凭证:

(一)机动车所有人和抵押权人的身份证明;

(二)机动车登记证书;

(三)机动车所有人和抵押权人依法订立的主合同和抵押合同。

车辆管理所应当自受理之日起一日内,审查提交的证明、凭证,在机动车登记证书上签注抵押登记的内容和日期。

第二十四条　申请解除抵押登记的,机动车所有人应当填写申请表,由机动车所有人和抵押权人共同申请,并提交下列证明、凭证:

(一)机动车所有人和抵押权人的身份证明;

(二)机动车登记证书。

人民法院调解、裁定、判决解除抵押的,机动车所有人或者抵押权人应当填写申请表,提交机动车登记证书、人民法院出具的已经生效的《调解书》、《裁定书》或者《判决书》,以及相应的《协助执行通知书》。

车辆管理所应当自受理之日起一日内,审查提交的证明、凭证,在机动车登记证书上签注解除抵押登记的内容和日期。

第二十五条 机动车抵押登记日期、解除抵押登记日期可以供公众查询。

第二十六条 有本规定第九条第（一）项、第（七）项、第（八）项、第（九）项或者第二十条第（二）项规定情形之一的，不予办理抵押登记。对机动车所有人提交的证明、凭证无效，或者机动车被人民法院、人民检察院、行政执法部门依法查封、扣押的，不予办理解除抵押登记。

第五节　注销登记

第二十七条 已达到国家强制报废标准的机动车，机动车所有人向机动车回收企业交售机动车时，应当填写申请表，提交机动车登记证书、号牌和行驶证。机动车回收企业应当确认机动车并解体，向机动车所有人出具《报废机动车回收证明》。报废的校车、大型客、货车及其他营运车辆应当在车辆管理所的监督下解体。

机动车回收企业应当在机动车解体后七日内将申请表、机动车登记证书、号牌、行驶证和《报废机动车回收证明》副本提交车辆管理所，申请注销登记。

车辆管理所应当自受理之日起一日内，审查提交的证明、凭证，收回机动车登记证书、号牌、行驶证，出具注销证明。

第二十八条 除本规定第二十七条规定的情形外，机动车有下列情形之一的，机动车所有人应当向登记地车辆管理所申请注销登记：

（一）机动车灭失的；

（二）机动车因故不在我国境内使用的；

（三）因质量问题退车的。

已注册登记的机动车有下列情形之一的，登记地车辆管理所应当办理注销登记：

（一）机动车登记被依法撤销的；

（二）达到国家强制报废标准的机动车被依法收缴并强制报废的。

属于本条第一款第（二）项和第（三）项规定情形之一的，机动车所有人申请注销登记前，应当将涉及该车的道路交通安全违法行为和交通事故处理完毕。

第二十九条　属于本规定第二十八条第一款规定的情形，机动车所有人申请注销登记的，应当填写申请表，并提交以下证明、凭证：

（一）机动车登记证书；

（二）机动车行驶证；

（三）属于机动车灭失的，还应当提交机动车所有人的身份证明和机动车灭失证明；

（四）属于机动车因故不在我国境内使用的，还应当提交机动车所有人的身份证明和出境证明，其中属于海关监管的机动车，还应当提交海关出具的《中华人民共和国海关监管车辆进（出）境领（销）牌照通知书》；

（五）属于因质量问题退车的，还应当提交机动车所有人的身份证明和机动车制造厂或者经销商出具的退车证明。

车辆管理所应当自受理之日起一日内，审查提交的证明、凭证，收回机动车登记证书、号牌、行驶证，出具注销证明。

第三十条　因车辆损坏无法驶回登记地的，机动车所有人可以向车辆所在地机动车回收企业交售报废机动车。交售机动车时应当填写申请表，提交机动车登记证书、号牌和行驶证。机动车回收企业应当确认机动车并解体，向机动车所有人出具《报废机动车回收证明》。报废的校车、大型客、货车及其他营运车辆应当在报废地车辆管理所的监督下解体。

机动车回收企业应当在机动车解体后七日内将申请表、机动车登记证书、号牌、行驶证和《报废机动车回收证明》副本提交报废地车辆管理所，申请注销登记。

报废地车辆管理所应当自受理之日起一日内，审查提交的证明、凭证，收回机动车登记证书、号牌、行驶证，并通过计算机登记系统将机动车报废信息传递给登记地车辆管理所。

登记地车辆管理所应当自接到机动车报废信息之日起一日内办理注销登记，并出具注销证明。

第三十一条　已注册登记的机动车有下列情形之一的，车辆管理所应当公告机动车登记证书、号牌、行驶证作废：

（一）达到国家强制报废标准，机动车所有人逾期不办理注销登记的；

（二）机动车登记被依法撤销后，未收缴机动车登记证书、号牌、行驶证的；

（三）达到国家强制报废标准的机动车被依法收缴并强制报废的；

（四）机动车所有人办理注销登记时未交回机动车登记证书、号牌、行驶证的。

第三十二条　有本规定第九条第（一）项、第（八）项、(九)项或者第二十条第（一）项、第（三）项规定情形之一的，不予办理注销登记。

第六节　校车标牌核发

第三十三条　学校或者校车服务提供者申请校车使用许可，应当按照《校车安全管理条例》向县级或者设区的市级人民政府教育行政部门提出申请。公安机关交通管理部门收到教育行政部门送来的征求意见材料后，应当在一日内通知申请人交验机动车。

第三十四条 县级或者设区的市级公安机关交通管理部门应当自申请人交验机动车之日起二日内确认机动车，查验校车标志灯、停车指示标志、卫星定位装置以及逃生锤、干粉灭火器、急救箱等安全设备，审核行驶线路、开行时间和停靠站点。属于专用校车的，还应当查验校车外观标识。审查以下证明、凭证：

（一）机动车所有人的身份证明；

（二）机动车行驶证；

（三）校车安全技术检验合格证明；

（四）包括行驶线路、开行时间和停靠站点的校车运行方案；

（五）校车驾驶人的机动车驾驶证。

公安机关交通管理部门应当自收到教育行政部门征求意见材料之日起三日内向教育行政部门回复意见，但申请人未按规定交验机动车的除外。

第三十五条 学校或者校车服务提供者按照《校车安全管理条例》取得校车使用许可后，应当向县级或者设区的市级公安机关交通管理部门领取校车标牌。领取时应当填写表格，并提交以下证明、凭证：

（一）机动车所有人的身份证明；

（二）校车驾驶人的机动车驾驶证；

（三）机动车行驶证；

（四）县级或者设区的市级人民政府批准的校车使用许可；

（五）县级或者设区的市级人民政府批准的包括行驶线路、开行时间和停靠站点的校车运行方案。

公安机关交通管理部门应当在收到领取表之日起三日内核发校车标牌。对属于专用校车的，应当核对行驶证上记载的校车类型和核载人数；对不属于专用校车的，应当在行驶证副页上签注校车类型和核载人数。

第三十六条 校车标牌应当记载本车的号牌号码、机动车所有人、驾驶人、行驶线路、开行时间、停靠站点、发牌单位、有效期限等信息。校车标牌分前后两块，分别放置于前风窗玻璃右下角和后风窗玻璃适当位置。

校车标牌有效期的截止日期与校车安全技术检验有效期的截止日期一致，但不得超过校车使用许可有效期。

第三十七条 专用校车应当自注册登记之日起每半年进行一次安全技术检验，非专用校车应当自取得校车标牌后每半年进行一次安全技术检验。

学校或者校车服务提供者应当在校车检验有效期满前一个月内向公安机关交通管理部门申请检验合格标志。

公安机关交通管理部门应当自受理之日起一日内，确认机动车，审查提交的证明、凭证，核发检验合格标志，换发校车标牌。

第三十八条 已取得校车标牌的机动车达到报废标准或者不再作为校车使用的，学校或者校车服务提供者应当拆除校车标志灯、停车指示标志，消除校车外观标识，并将校车标牌交回核发的公安机关交通管理部门。

专用校车不得改变使用性质。

校车使用许可被吊销、注销或者撤销的，学校或者校车服务提供者应当拆除校车标志灯、停车指示标志，消除校车外观标识，并将校车标牌交回核发的公安机关交通管理部门。

第三十九条 校车行驶线路、开行时间、停靠站点或者车辆、所有人、驾驶人发生变化的，经县级或者设区的市级人民政府批准后，应当按照本规定重新领取校车标牌。

第四十条 公安机关交通管理部门应当每月将校车标牌的发放、变更、收回等信息报本级人民政府备案，并通报教育行政部门。

学校或者校车服务提供者应当自取得校车标牌之日起，每月查询校车道路交通安全违法行为记录，及时到公安机关交通管理部门接受处理。核发校车标牌的公安机关交通管理部门应当每月汇总辖区内校车道路交通安全违法和交通事故等情况，通知学校或者校车服务提供者，并通报教育行政部门。

第四十一条　校车标牌灭失、丢失或者损毁的，学校或校车服务提供者应当向核发标牌的公安机关交通管理部门申请补领或者换领。申请时，应当提交机动车所有人的身份证明及机动车行驶证。公安机关交通管理部门应当自受理之日起三日内审核，补发或者换发校车标牌。

第三章　其他规定

第四十二条　申请办理机动车质押备案或者解除质押备案的，由机动车所有人和典当行共同申请，机动车所有人应当填写申请表，并提交以下证明、凭证：

（一）机动车所有人和典当行的身份证明；

（二）机动车登记证书。

车辆管理所应当自受理之日起一日内，审查提交的证明、凭证，在机动车登记证书上签注质押备案或者解除质押备案的内容和日期。

有本规定第九条第（一）项、第（七）项、第（八）项、第（九）项规定情形之一的，不予办理质押备案。对机动车所有人提交的证明、凭证无效，或者机动车被人民法院、人民检察院、行政执法部门依法查封、扣押的，不予办理解除质押备案。

第四十三条　机动车登记证书灭失、丢失或者损毁的，机动车所有人应当向登记地车辆管理所申请补领、换领。申请时，机动车所有人应当填写申请表并提交身份证明,属于补领机动车登记证书的,还应当交验机动车。车辆管理所应当自受理之日起一日内,确认机动车,审查提交的证明、凭证,补发、换发机动车登记证书。

启用机动车登记证书前已注册登记的机动车未申领机动车登记证书的,机动车所有人可以向登记地车辆管理所申领机动车登记证书。但属于机动车所有人申请变更、转移或者抵押登记的,应当在申请前向车辆管理所申领机动车登记证书。申请时,机动车所有人应当填写申请表,交验机动车并提交身份证明。车辆管理所应当自受理之日起五日内,确认机动车,核对车辆识别代号拓印膜,审查提交的证明、凭证,核发机动车登记证书。

第四十四条 机动车号牌、行驶证灭失、丢失或者损毁的,机动车所有人应当向登记地车辆管理所申请补领、换领。申请时,机动车所有人应当填写申请表并提交身份证明。

车辆管理所应当审查提交的证明、凭证,收回未灭失、丢失或者损毁的号牌、行驶证,自受理之日起一日内补发、换发行驶证,自受理之日起十五日内补发、换发号牌,原机动车号牌号码不变。

补发、换发号牌期间应当核发有效期不超过十五日的临时行驶车号牌。

第四十五条 机动车具有下列情形之一,需要临时上道路行驶的,机动车所有人应当向车辆管理所申领临时行驶车号牌:

(一)未销售的;

(二)购买、调拨、赠予等方式获得机动车后尚未注册登记的;

(三)进行科研、定型试验的;

(四)因轴荷、总质量、外廓尺寸超出国家标准不予办理注册登记的特型机动车。

第四十六条 机动车所有人申领临时行驶车号牌应当提交以

下证明、凭证：

（一）机动车所有人的身份证明；

（二）机动车交通事故责任强制保险凭证；

（三）属于本规定第四十五条第（一）项、第（四）项规定情形的，还应当提交机动车整车出厂合格证明或者进口机动车进口凭证；

（四）属于本规定第四十五条第（二）项规定情形的，还应当提交机动车来历证明，以及机动车整车出厂合格证明或者进口机动车进口凭证；

（五）属于本规定第四十五条第（三）项规定情形的，还应当提交书面申请和机动车安全技术检验合格证明。

车辆管理所应当自受理之日起一日内，审查提交的证明、凭证，属于本规定第四十五条第（一）项、第（二）项规定情形，需要在本行政辖区内临时行驶的，核发有效期不超过十五日的临时行驶车号牌；需要跨行政辖区临时行驶的，核发有效期不超过三十日的临时行驶车号牌。属于本规定第四十五条第（三）项、第（四）项规定情形的，核发有效期不超过九十日的临时行驶车号牌。

因号牌制作的原因，无法在规定时限内核发号牌的，车辆管理所应当核发有效期不超过十五日的临时行驶车号牌。

对具有本规定第四十五条第（一）项、第（二）项规定情形之一，机动车所有人需要多次申领临时行驶车号牌的，车辆管理所核发临时行驶车号牌不得超过三次。

第四十七条 机动车所有人发现登记内容有错误的，应当及时要求车辆管理所更正。车辆管理所应当自受理之日起五日内予以确认。确属登记错误的，在机动车登记证书上更正相关内容，换发行驶证。需要改变机动车号牌号码的，应当收回号牌、行驶证、确定新的机动车号牌号码，重新核发号牌、行驶证和检验合格标志。

第四十八条 已注册登记的机动车被盗抢的，车辆管理所应当根据刑侦部门提供的情况，在计算机登记系统内记录，停止办理该车的各项登记和业务。被盗抢机动车发还后，车辆管理所应当恢复办理该车的各项登记和业务。

机动车在被盗抢期间，发动机号码、车辆识别代号或者车身颜色被改变的，车辆管理所应当凭有关技术鉴定证明办理变更备案。

第四十九条 机动车所有人可以在机动车检验有效期满前三个月内向登记地车辆管理所申请检验合格标志。

申请前，机动车所有人应当将涉及该车的道路交通安全违法行为和交通事故处理完毕。申请时，机动车所有人应当填写申请表并提交行驶证、机动车交通事故责任强制保险凭证、车船税纳税或者免税证明、机动车安全技术检验合格证明。

车辆管理所应当自受理之日起一日内，确认机动车，审查提交的证明、凭证，核发检验合格标志。

第五十条 除大型载客汽车、校车以外的机动车因故不能在登记地检验的，机动车所有人可以向登记地车辆管理所申请委托核发检验合格标志。申请前，机动车所有人应当将涉及机动车的道路交通安全违法行为和交通事故处理完毕。申请时，应当提交机动车登记证书或者行驶证。

车辆管理所应当自受理之日起一日内，出具核发检验合格标志的委托书。

机动车在检验地检验合格后，机动车所有人应当按照本规定第四十九条第二款的规定向被委托地车辆管理所申请检验合格标志，并提交核发检验合格标志的委托书。被委托地车辆管理所应当自受理之日起一日内，按照本规定第四十九条第三款的规定核发检验合格标志。

营运货车长期在登记以外的地区从事道路运输的,机动车所有人向营运地车辆管理所备案登记一年后,可以在营运地直接进行安全技术检验,并向营运地车辆管理所申请检验合格标志。

第五十一条 机动车检验合格标志灭失、丢失或者损毁的,机动车所有人应当持行驶证向机动车登记地或者检验合格标志核发地车辆管理所申请补领或者换领。车辆管理所应当自受理之日起一日内补发或者换发。

第五十二条 办理机动车转移登记或者注销登记后,原机动车所有人申请办理新购机动车注册登记时,可以向车辆管理所申请使用原机动车号牌号码。

申请使用原机动车号牌号码应当符合下列条件:

(一)在办理转移登记或者注销登记后六个月内提出申请;

(二)机动车所有人拥有原机动车三年以上;

(三)涉及原机动车的道路交通安全违法行为和交通事故处理完毕。

第五十三条 确定机动车号牌号码采用计算机自动选取和由机动车所有人按照机动车号牌标准规定自行编排的方式。

第五十四条 机动车所有人可以委托代理人代理申请各项机动车登记和业务,但申请补领机动车登记证书的除外。对机动车所有人因死亡、出境、重病、伤残或者不可抗力等原因不能到场申请补领机动车登记证书的,可以凭相关证明委托代理人代理申领。

代理人申请机动车登记和业务时,应当提交代理人的身份证明和机动车所有人的书面委托。

第五十五条 机动车所有人或者代理人申请机动车登记和业务,应当如实向车辆管理所提交规定的材料和反映真实情况,并对其申请材料实质内容的真实性负责。

第四章　法律责任

第五十六条　有下列情形之一的,由公安机关交通管理部门处警告或者二百元以下罚款：

（一）重型、中型载货汽车及其挂车的车身或者车厢后部未按照规定喷涂放大的牌号或者放大的牌号不清晰的；

（二）机动车喷涂、粘贴标识或者车身广告,影响安全驾驶的；

（三）载货汽车、挂车未按照规定安装侧面及后下部防护装置、粘贴车身反光标识的；

（四）机动车未按照规定期限进行安全技术检验的；

（五）改变车身颜色、更换发动机、车身或者车架,未按照本规定第十条规定的时限办理变更登记的；

（六）机动车所有权转移后,现机动车所有人未按照本规定第十八条规定的时限办理转移登记的；

（七）机动车所有人办理变更登记、转移登记,机动车档案转出登记地车辆管理所后,未按照本规定第十三条规定的时限到住所地车辆管理所申请机动车转入的。

第五十七条　除本规定第十条和第十六条规定的情形外,擅自改变机动车外形和已登记的有关技术数据的,由公安机关交通管理部门责令恢复原状,并处警告或者五百元以下罚款。

第五十八条　以欺骗、贿赂等不正当手段取得机动车登记的,由公安机关交通管理部门收缴机动车登记证书、号牌、行驶证,撤销机动车登记；申请人在三年内不得申请机动车登记。对涉嫌走私、盗抢的机动车,移交有关部门处理。

以欺骗、贿赂等不正当手段办理补、换领机动车登记证书、号牌、行驶证和检验合格标志等业务的,由公安机关交通管理部门处警告或者二百元以下罚款。

第五十九条　省、自治区、直辖市公安厅、局可以根据本地区的实际情况,在本规定的处罚幅度范围内,制定具体的执行标准。

对本规定的道路交通安全违法行为的处理程序按照《道路交通安全违法行为处理程序规定》执行。

第六十条　交通警察违反规定为被盗抢、走私、非法拼(组)装、达到国家强制报废标准的机动车办理登记的,按照国家有关规定给予处分,经教育不改又不宜给予开除处分的,按照《公安机关组织管理条例》规定予以辞退;对聘用人员予以解聘。构成犯罪的,依法追究刑事责任。

第六十一条　交通警察有下列情形之一的,按照国家有关规定给予处分;对聘用人员予以解聘。构成犯罪的,依法追究刑事责任:

(一)不按照规定确认机动车和审查证明、凭证的;

(二)故意刁难,拖延或者拒绝办理机动车登记的;

(三)违反本规定增加机动车登记条件或者提交的证明、凭证的;

(四)违反本规定第五十三条的规定,采用其他方式确定机动车号牌号码的;

(五)违反规定跨行政辖区办理机动车登记和业务的;

(六)超越职权进入计算机登记系统办理机动车登记和业务,或者不按规定使用机动车登记系统办理登记和业务的;

(七)向他人泄漏、传播计算机登记系统密码,造成系统数据被篡改、丢失或者破坏的;

(八)利用职务上的便利索取、收受他人财物或者谋取其他利益的;

（九）强令车辆管理所违反本规定办理机动车登记的。

第六十二条 公安机关交通管理部门有本规定第六十条、第六十一条所列行为之一的，按照国家有关规定对直接负责的主管人员和其他直接责任人员给予相应的处分。

公安机关交通管理部门及其工作人员有本规定第六十条、第六十一条所列行为之一，给当事人造成损失的，应当依法承担赔偿责任。

第五章 附 则

第六十三条 机动车登记证书、号牌、行驶证、检验合格标志的种类、式样，以及各类登记表格式样等由公安部制定。机动车登记证书由公安部统一印制。

机动车登记证书、号牌、行驶证、检验合格标志的制作应当符合有关标准。

第六十四条 本规定下列用语的含义：

（一）进口机动车是指：

1. 经国家限定口岸海关进口的汽车；
2. 经各口岸海关进口的其他机动车；
3. 海关监管的机动车；
4. 国家授权的执法部门没收的走私、无合法进口证明和利用进口关键件非法拼（组）装的机动车。

（二）进口机动车的进口凭证是指：

1. 进口汽车的进口凭证，是国家限定口岸海关签发的《货物进口证明书》；
2. 其他进口机动车的进口凭证，是各口岸海关签发的《货物进口证明书》；

3. 海关监管的机动车的进口凭证，是监管地海关出具的《中华人民共和国海关监管车辆进（出）境领（销）牌照通知书》；

4. 国家授权的执法部门没收的走私、无进口证明和利用进口关键件非法拼（组）装的机动车的进口凭证，是该部门签发的《没收走私汽车、摩托车证明书》。

（三）机动车所有人是指拥有机动车的个人或者单位。

1. 个人是指我国内地的居民和军人（含武警）以及香港、澳门特别行政区、台湾地区居民、华侨和外国人；

2. 单位是指机关、企业、事业单位和社会团体以及外国驻华使馆、领馆和外国驻华办事机构、国际组织驻华代表机构。

（四）身份证明是指：

1. 机关、企业、事业单位、社会团体的身份证明，是该单位的《组织机构代码证书》、加盖单位公章的委托书和被委托人的身份证明。机动车所有人为单位的内设机构，本身不具备领取《组织机构代码证书》条件的，可以使用上级单位的《组织机构代码证书》作为机动车所有人的身份证明。上述单位已注销、撤销或者破产，其机动车需要办理变更登记、转移登记、解除抵押登记、注销登记、解除质押备案、申领机动车登记证书和补、换领机动车登记证书、号牌、行驶证的，已注销的企业的身份证明，是工商行政管理部门出具的注销证明。已撤销的机关、事业单位、社会团体的身份证明，是其上级主管机关出具的有关证明。已破产的企业的身份证明，是依法成立的财产清算机构出具的有关证明；

2. 外国驻华使馆、领馆和外国驻华办事机构、国际组织驻华代表机构的身份证明，是该使馆、领馆或者该办事机构、代表机构出具的证明；

3. 居民的身份证明，是《居民身份证》或者《临时居民身份证》。在暂住地居住的内地居民，其身份证明是《居民身份证》或者《临时居民身份证》，以及公安机关核发的居住、暂住证明；

4. 军人（含武警）的身份证明，是《居民身份证》或者《临时居民身份证》。在未办理《居民身份证》前，是指军队有关部门核发的《军官证》、《文职干部证》、《士兵证》、《离休证》、《退休证》等有效军人身份证件，以及其所在的团级以上单位出具的本人住所证明；

5. 香港、澳门特别行政区居民的身份证明，是其入境时所持有的《港澳居民来往内地通行证》或者《港澳同胞回乡证》、香港、澳门特别行政区《居民身份证》和公安机关核发的居住、暂住证明；

6. 台湾地区居民的身份证明，是其所持有的有效期六个月以上的公安机关核发的《台湾居民来往大陆通行证》或者外交部核发的《中华人民共和国旅行证》和公安机关核发的居住、暂住证明；

7. 华侨的身份证明，是《中华人民共和国护照》和公安机关核发的居住、暂住证明；

8. 外国人的身份证明，是其入境时所持有的护照或者其他旅行证件、居（停）留期为六个月以上的有效签证或者居留许可，以及公安机关出具的住宿登记证明；

9. 外国驻华使馆、领馆人员、国际组织驻华代表机构人员的身份证明，是外交部核发的有效身份证件。

（五）住所是指：

1. 单位的住所为其主要办事机构所在地的地址；

2. 个人的住所为其身份证明记载的地址。在暂住地居住的内地居民的住所是公安机关核发的居住、暂住证明记载的地址。

（六）机动车来历证明是指：

1. 在国内购买的机动车，其来历证明是全国统一的机动车销售发票或者二手车交易发票。在国外购买的机动车,其来历证明是该车销售单位开具的销售发票及其翻译文本,但海关监管的机动车不需提供来历证明;

2. 人民法院调解、裁定或者判决转移的机动车,其来历证明是人民法院出具的已经生效的《调解书》、《裁定书》或者《判决书》,以及相应的《协助执行通知书》;

3. 仲裁机构仲裁裁决转移的机动车,其来历证明是《仲裁裁决书》和人民法院出具的《协助执行通知书》;

4. 继承、赠予、中奖、协议离婚和协议抵偿债务的机动车,其来历证明是继承、赠予、中奖、协议离婚、协议抵偿债务的相关文书和公证机关出具的《公证书》;

5. 资产重组或者资产整体买卖中包含的机动车,其来历证明是资产主管部门的批准文件;

6. 机关、企业、事业单位和社会团体统一采购并调拨到下属单位未注册登记的机动车,其来历证明是全国统一的机动车销售发票和该部门出具的调拨证明;

7. 机关、企业、事业单位和社会团体已注册登记并调拨到下属单位的机动车,其来历证明是该单位出具的调拨证明。被上级单位调回或者调拨到其他下属单位的机动车,其来历证明是上级单位出具的调拨证明;

8. 经公安机关破案发还的被盗抢且已向原机动车所有人理赔完毕的机动车,其来历证明是《权益转让证明书》。

(七)机动车整车出厂合格证明是指:

1. 机动车整车厂生产的汽车、摩托车、挂车,其出厂合格证明是该厂出具的《机动车整车出厂合格证》;

2. 使用国产或者进口底盘改装的机动车,其出厂合格证明是机动车底盘生产厂出具的《机动车底盘出厂合格证》或者进口机动车底盘的进口凭证和机动车改装厂出具的《机动车整车出厂合格证》；

3. 使用国产或者进口整车改装的机动车，其出厂合格证明是机动车生产厂出具的《机动车整车出厂合格证》或者进口机动车的进口凭证和机动车改装厂出具的《机动车整车出厂合格证》；

4. 人民法院、人民检察院或者行政执法机关依法扣留、没收并拍卖的未注册登记的国产机动车，未能提供出厂合格证明的，可以凭人民法院、人民检察院或者行政执法机关出具的证明替代。

（八）机动车灭失证明是指：

1. 因自然灾害造成机动车灭失的证明是，自然灾害发生地的街道、乡、镇以上政府部门出具的机动车因自然灾害造成灭失的证明；

2. 因失火造成机动车灭失的证明是，火灾发生地的县级以上公安机关消防部门出具的机动车因失火造成灭失的证明；

3. 因交通事故造成机动车灭失的证明是，交通事故发生地的县级以上公安机关交通管理部门出具的机动车因交通事故造成灭失的证明。

（九）本规定所称"一日"、"二日"、"三日"、"五日"、"七日"、"十日"、"十五日"，是指工作日，不包括节假日。

临时行驶车号牌的最长有效期"十五日"、"三十日"、"九十日"，包括工作日和节假日。

本规定所称以下、以上、以内，包括本数。

第六十五条 本规定自2008年10月1日起施行。2004年4月30日公安部发布的《机动车登记规定》（公安部令第72号）同时废止。本规定实施前公安部发布的其他规定与本规定不一致的，以本规定为准。

机动车登记工作规范

公安部关于印发《机动车登记工作规范》的通知

公交管〔2012〕333号

各省、自治区、直辖市公安厅、局,新疆生产建设兵团公安局:

为贯彻实施《公安部关于修改〈机动车登记规定〉的决定》(公安部令第124号),规范办理机动车登记和校车标牌核发业务,公安部修订了《机动车登记工作规范》,现印发给你们,请认真贯彻执行。

2012年11月30日

第一章 总 则

第一条 根据《警车管理规定》、《临时入境机动车和驾驶人管理规定》和《机动车登记规定》,制定本规范。

第二条 各级公安机关交通管理部门车辆管理所应当按照本规范规定的程序办理机动车登记。

车辆管理所办理机动车登记业务，应当设置查验岗、登记审核岗和档案管理岗。

第三条 车辆管理所应当按照机动车登记信息数据库规范和信息代码标准建立计算机登记数据库。按照机动车登记信息采集和签注标准，将登记信息和经办人信息录入计算机登记系统，打印相关证、表。

车辆管理所应当按照机动车查验工作规程查验机动车。按照机动车类型术语和定义标准确定机动车的车辆类型和使用性质。按照车辆和驾驶人管理印章标准使用印章。

第二章 登记程序

第一节 注册登记

第四条 办理注册登记的业务流程和具体事项为：

（一）查验岗审查国产机动车的整车出厂合格证明（以下简称合格证）或者进口机动车的进口凭证（以下简称进口凭证）；不属于免检的机动车，还应当审查机动车安全技术检验合格证明；查验机动车，核对车辆识别代号拓印膜；制作机动车标准照片，并粘贴到机动车查验记录表上。符合规定的，在机动车查验记录表上签字；录入机动车信息。与被盗抢机动车信息系统比对；属于国产机动车的，与国产机动车出厂合格证核查系统比对，其中属于《全国机动车辆生产企业及产品公告》（以下简称《公告》）管理范围的，与《公告》数据比对。将机动车查验记录表内部传递至登记审核岗。

（二）登记审核岗审查《机动车注册、转移、注销登记/转入申请表》、机动车所有人身份证明、机动车来历证明、合格证或者进口凭证、车辆购置税完税证明或者免税凭证、机动车交通事故责任强制保险凭证、机动车查验记录表。符合规定的,录入登记信息,向机动车所有人出具受理凭证。确定机动车号牌号码。制作机动车号牌(以下简称号牌)、机动车行驶证(以下简称行驶证)、机动车登记证书(以下简称登记证书)和机动车检验合格标志(以下简称检验合格标志),交机动车所有人。

(三)档案管理岗核对计算机登记系统的信息,整理资料,装订、归档。

第五条 办理进口机动车的注册登记,登记审核岗还应当按照下列规定核查进口凭证:

(一)属于海关签发汽车用《货物进口证明书》的汽车整车和汽车底盘,或者海关总署签发《没收走私汽车、摩托车证明书》的汽车和摩托车的,与全国进口机动车计算机核查系统比对。符合规定的,使用专用钳在《货物进口证明书》右下角或者《没收走私汽车、摩托车证明书》左上角打孔,并打印《全国进口机动车计算机核查系统核对无误证明书》,录入登记信息。

(二)属于海关签发普通货物用《货物进口证明书》的摩托车,"一批一证"的挂车、半挂车、轮式专用机械,海关监管的机动车,或者国家规定的以其他方式进口的机动车,审查进口凭证。符合规定的,使用专用钳在进口凭证右下角打孔,录入登记信息。

(三)进口凭证打孔后,不得再次办理注册登记。

第六条 办理警车注册登记,还应当审查下列事项:

(一)查验岗审查警车车型、外观制式、标志灯具和警报器是否符合有关规范和标准。

(二)登记审核岗审查《警车号牌审批表》。

第七条 办理救护车、消防车、工程救险车注册登记,还应当审查下列事项:

(一)查验岗审查标志图案、标志灯具或者警报器等是否符合有关规范和标准。

（二）登记审核岗审查相关主管部门出具的车辆使用性质证明。

办理危险化学品运输车、校车注册登记，查验岗还应当审查标志图案、标志灯具等是否符合有关规范和标准。

第八条 未注册登记的机动车所有权转移的，办理注册登记时，除审查机动车的所有权转移证明外，还应当审查原始来历证明。属于经人民法院调解、裁定、判决机动车所有权转移的，不审查原始来历证明。

第九条 下列资料存入机动车档案：

（一）《机动车注册、转移、注销登记/转入申请表》原件；

（二）机动车所有人身份证明复印件；

（三）机动车的来历证明原件或者复印件。其中，全国统一的机动车销售发票、《协助执行通知书》和国家机关、企业、事业单位或者社会团体出具的调拨证明应当是原件；

（四）车辆购置税的完税证明或者免税凭证副联原件；

（五）机动车交通事故责任强制保险凭证第三联原件。原件丢失的，收存其他任一联复印件并加盖保险公司印章；

（六）属于国产机动车的，收存合格证原件；

（七）属于进口机动车的，收存进口凭证原件。其中，挂车、半挂车、轮式专用机械收存进口凭证原件或者复印件。通过全国进口机动车计算机核查系统比对的，收存《全国进口机动车计算机核查系统核对无误证明书》。通过发证机关查询的，收存发证机关出具的鉴定证明或者传真查询证明原件；

（八）属于警车的，收存《警车号牌审批表》原件；

（九）属于救护车、消防车、工程救险车的，收存车辆使用性质证明原件；

（十）机动车查验记录表原件；

（十一）法律、行政法规规定应当在机动车登记时提交的其他证明、凭证的原件或者复印件。

第二节　变更登记

第十条　办理改变机动车车身颜色、更换发动机、更换车身或者车架、改变机动车使用性质的变更登记的业务流程和具体事项为：

（一）查验岗审查行驶证；查验机动车，属于更换车身或者车架的，核对车辆识别代号拓印膜；属于更换发动机、更换车身或者车架的，审查机动车安全技术检验合格证明，更换的发动机、车身或者车架无号码的，打刻原发动机号码、车辆识别代号；属于警车、救护车、消防车、工程救险车或者危险化学品运输车、校车使用性质变更的，还应当查验是否已拆除标志灯具、警报器，是否已清除车身外观制式、标志图案等；制作机动车标准照片，并粘贴到机动车查验记录表上。符合规定的，在机动车查验记录表上签字并内部传递至登记审核岗。

（二）登记审核岗审查《机动车变更登记/备案申请表》、机动车所有人身份证明、登记证书、行驶证和机动车查验记录表。符合规定的，录入登记信息；属于更换发动机、更换车身或者车架的，与被盗抢机动车信息系统比对；向机动车所有人出具受理凭证。签注登记证书交机动车所有人；收回原行驶证并销毁，制作行驶证交机动车所有人；需要改变机动车号牌号码的，还应当收回原号牌并销毁，确定新的机动车号牌号码，制作号牌、检验合格标志交机动车所有人。

（三）档案管理岗核对计算机登记系统的信息，整理资料，装订、归档。

第十一条 办理因质量问题更换整车的变更登记的业务流程和具体事项为：

（一）查验岗按照本规范第四条第（一）项的规定办理。

（二）登记审核岗审查《机动车变更登记/备案申请表》、机动车所有人身份证明、登记证书、行驶证、合格证或者进口凭证、机动车查验记录表。符合规定的，录入登记信息，向机动车所有人出具受理凭证。按照变更登记的日期调整注册登记日期；签注登记证书；复印原机动车的合格证或者进口凭证，收回原行驶证并销毁，制作行驶证、检验合格标志；将登记证书、行驶证、检验合格标志、原机动车的合格证或者进口凭证交机动车所有人。

（三）档案管理岗核对计算机登记系统的信息，整理资料，装订、归档。

属于进口机动车、警车、救护车、消防车、工程救险车以及危险化学品运输车、校车的，还应当按照本规范第五条至第七条的规定办理。

第十二条 办理机动车所有人的住所迁出车辆管理所管辖区域的业务流程和具体事项为：

（一）查验岗审查行驶证；查验机动车，核对车辆识别代号拓印膜。符合规定的，在机动车查验记录表上签字并内部传递至登记审核岗。

（二）登记审核岗审查《机动车变更登记/备案申请表》、机动车所有人身份证明、登记证书、行驶证和机动车查验记录表，对涉及机动车的交通安全违法行为和交通事故处理情况进行核查，与被盗抢机动车信息系统比对。符合规定的，录入变更后的信息，向机动车所有人出具受理凭证。

（三）档案管理岗核对计算机登记系统的信息，比对车辆识别代号拓印膜。符合规定的，签注登记证书；整理档案资料，装订成册，注明联系电话、传真电话和联系人姓名，并加盖车辆管理所业务专用章；密封机动车档案，并在密封袋上注明"请妥善保管，并于即日起三十日内到转入地车辆管理所申请办理机动车转入，不得拆封。"对机动车档案资料齐全但登记事项有误、档案资料填写、打印有误或者不规范、技术参数不全等情况，应当书面注明；对2004年4月30日以前注册登记的机动车档案资料不齐全的，应当在排除被盗抢、走私、非法拼（组）装等嫌疑后，书面注明缺失的资料及原因。

（四）登记审核岗收回号牌并销毁，将机动车档案和登记证书交机动车所有人，核发有效期为三十日的跨行政辖区临时行驶车号牌。

第十三条 办理机动车转入的业务流程和具体事项为：

（一）查验岗审查登记证书，查验机动车，核对车辆识别代号拓印膜；机动车在转入时已超过检验有效期的，还应当审查机动车安全技术检验合格证明；查询并下载机动车登记信息，与被盗抢机动车信息系统比对；制作机动车标准照片，并粘贴到机动车查验记录表上。符合规定的，在机动车查验记录表上签字并内部传递至登记审核岗。

（二）登记审核岗审查《机动车注册、转移、注销登记/转入申请表》、机动车所有人身份证明、机动车档案资料和机动车查验记录表，比对车辆识别代号拓印膜；机动车在转入时已超过检验有效期的，还应当审查交通事故责任强制保险凭证。符合规定的，向机动车所有人出具受理凭证。确定机动车号牌号码，签注登记证书，制作号牌、行驶证和检验合格标志，交机动车所有人。

（三）档案管理岗核对计算机登记系统的信息，整理资料，装订、归档。

第十四条 有下列情形之一的，转入地车辆管理所应当办理转入，不得退档：

（一）机动车转出后登记证书丢失、灭失的；

（二）机动车转出后因交通事故等原因更换发动机、车身或者车架、改变车身颜色的；

（三）档案资料齐全但存在登记事项有误、档案资料填写、打印有误或者不规范、技术参数不全等情况的；

（四）2004年4月30日以前注册的机动车档案资料不齐全，经核实不属于被盗抢、走私、非法拼（组）装等嫌疑车辆的；

（五）签注的转入地车辆管理所名称不准确，但属同一省、自治区管辖范围内的。

对属前款第（一）项的，办理转入时同时补发登记证书；对属前款第（二）项的，办理转入时一并办理变更登记；对属前款第（三）项中档案资料齐全但存在登记事项有误或者技术参数不全的，办理转入时一并更正、补齐。

第十五条　转入地车辆管理所认为需要核实档案资料的，应当与转出地车辆管理所协调。转出地车辆管理所应当自接到转入地车辆管理所协查申请一日内以传真方式出具书面材料，转入地车辆管理所凭书面材料办理转入。

转出地和转入地车辆管理所对转出车辆有不同意见的，车辆管理所所属公安机关交通管理部门应当报请省级公安机关交通管理部门协调。

第十六条　机动车因不符合转入地依据法律制定的地方性排放标准被退回的，转出地车辆管理所应当凭转入地车辆管理所的证明予以接收，恢复机动车登记内容，将转入地车辆管理所的证明原件存入机动车档案。

第十七条　办理共同所有人姓名变更登记的业务流程和具体事项为：

（一）变更后机动车所有人住所在车辆管理所管辖区域内的，登记审核岗审查《机动车变更登记/备案申请表》、登记证书、行驶证、变更前和变更后机动车所有人的身份证明、机动车为共同所有的公证证明或者证明夫妻关系的《居民户口簿》或者《结婚证》。符合规定的，向机动车所有人出具受理凭证。签注登记证书交机动车所有人；收回原行驶证并销毁，制作行驶证交机动车所有人；需要改变机动车号牌号码的，收回原号牌并销毁，确定新的机动车号牌号码，制作号牌、检验合格标志交机动车所有人。档案管理岗核对计算机登记系统的信息，整理资料，装订、归档。

（二）变更后机动车所有人的住所不在车辆管理所管辖区域内的，查验岗按照本规范第十二条第（一）项的规定办理；登记审核岗按照本条第（一）项的规定审查相关资料。符合规定的，按照本规范第十二条第（三）项和第（四）项的规定办理转出。转入地车辆管理所按照本规范第十三条至第十六条的规定办理。

第十八条 办理变更登记的，下列资料存入机动车档案：

（一）《机动车变更登记/备案申请表》原件，办理机动车转入的，收存《机动车注册、转移、注销登记/转入申请表》原件；

（二）机动车所有人身份证明复印件；

（三）属于因质量问题更换整车的，收存更换后的合格证或者进口凭证原件，原机动车的合格证或者进口凭证复印件；

（四）属于机动车所有人的住所迁出车辆管理所管辖区域的，收存行驶证原件；

（五）属于机动车转入的，收存原机动车档案内的资料；

（六）机动车查验记录表原件。

办理共同所有人姓名变更登记的，除收存本条第一款第（一）项和第（二）项规定的资料外，还应当收存下列资料：

（一）变更前机动车所有人的身份证明复印件；

（二）机动车为两人以上共同所有的公证证明复印件。属于机动车为夫妻双方共同所有的，可以收存证明夫妻关系的《居民户口簿》或者《结婚证》的复印件；

（三）属于变更后机动车所有人住所不在车辆管理所管辖区域内的，收存机动车查验记录表、行驶证原件。

第十九条 办理变更备案的业务流程和具体事项为：

（一）机动车所有人住所在车辆管理所管辖区域内迁移、机动车所有人姓名（单位名称）、机动车所有人身份证明名称或者号码变更的，登记审核岗审查《机动车变更登记/备案申请表》、机动车所有人身份证明、登记证书、行驶证和相关事项变更的证明。符合规定的，录入备案信息，向机动车所有人出具受理凭证。签注登记证书交机动车所有人。属于机动车所有人姓名（单位名称）、住所变更的，收回原行驶证并销毁，制作行驶证交机动车所有人。

（二）机动车所有人联系方式变更的，登记审核岗审查《机动车变更登记/备案申请表》、机动车所有人身份证明和行驶证，录入变更后的联系方式。

（三）发动机号码、车辆识别代号因磨损、锈蚀、事故等原因辨认不清或者损坏的，查验岗查验无被凿改嫌疑的，打刻原发动机号码、车辆识别代号；属于打刻车辆识别代号的，还应当核对车辆识别代号拓印膜。符合规定的，在机动车查验记录表上签字并内部传递至登记审核岗。登记审核岗审查《机动车变更登记/备案申请表》、机动车所有人身份证明、登记证书、行驶证和机动车查验记录表。符合规定的，录入备案信息，并签注登记证书交机动车所有人。

（四）档案管理岗核对计算机登记系统的信息，整理资料，装订、归档。

第二十条 办理变更备案的,下列资料存入机动车档案:

(一)《机动车变更登记/备案申请表》原件;

(二) 机动车所有人身份证明复印件;

(三) 属于机动车所有人姓名(单位名称)、住所、机动车所有人身份证明名称或者号码变更的,收存相关事项变更证明的复印件;

(四) 属于重新打刻发动机号码、车辆识别代号的,收存机动车查验记录表。

第二十一条 机动车在被盗抢期间,发动机号码、车辆识别代号或者车身颜色被改变的,有关技术鉴定证明或者公安机关的发还证明能够确认该机动车与被盗抢的机动车为同一辆车的,按照下列规定办理:

(一) 车身颜色被改变的,按照本规范第十条的规定办理;将有关技术鉴定证明或者公安机关的发还证明复印件存入机动车档案。

(二) 发动机号码、车辆识别代号被改变的,按照本规范第十九条第(三)项的规定办理;将《机动车变更登记/备案申请表》原件、有关技术鉴定证明或者公安机关的发还证明复印件和机动车查验记录表存入机动车档案。

第三节 转移登记

第二十二条 办理转移登记的业务流程和具体事项为:

(一) 查验岗审查行驶证;查验机动车,核对车辆识别代号拓印膜;机动车超过检验有效期的,还应当审查机动车安全技术检验合格证明;制作机动车标准照片,并粘贴到机动车查验记录表上。符合规定的,在机动车查验记录表上签字并内部传递至登记审核岗。

(二) 登记审核岗审查《机动车注册、转移、注销登记/转入申请表》、现机动车所有人身份证明、所有权转移的证明或者凭证、登记证书、行驶证和机动车查验记录表；属于海关监管的机动车的，还应当审查《中华人民共和国海关监管车辆解除监管证明书》或者海关批准的转让证明；属于机动车超过检验有效期的，还应当审查交通事故责任强制保险凭证。对涉及机动车的交通安全违法行为和交通事故处理情况进行核查；与被盗抢机动车信息系统比对。符合规定的，录入登记信息，向现机动车所有人出具受理凭证。

（三）现机动车所有人住所在车辆管理所管辖区域内的，确定机动车号牌号码后，登记审核岗签注登记证书，收回原号牌、行驶证并销毁，制作号牌、行驶证和检验合格标志，交机动车所有人。现机动车所有人住所不在车辆管理所管辖区域内的，按照本规范第十二条第（三）项和第（四）项的规定办理。

（四）档案管理岗核对计算机登记系统的信息，整理资料，装订归档。

第二十三条　下列资料存入机动车档案：

（一）《机动车注册、转移、注销登记/转入申请表》原件；

（二）现机动车所有人的身份证明复印件；

（三）机动车所有权转移的证明、凭证原件或者复印件。其中，二手车销售发票、《协助执行通知书》和国家机关、企业、事业单位和社会团体等单位出具的调拨证明应当是原件；

（四）属于海关监管的机动车的，收存《中华人民共和国海关监管车辆解除监管证明书》或者海关批准的转让证明原件；

（五）属于现机动车所有人住所不在车辆管理所管辖区域内的，收存行驶证原件；

（六）机动车查验记录表原件。

第二十四条　现机动车所有人住所不在车辆管理所管辖区域内

的，转入地车辆管理所按照本规范第十三条至第十六条的规定办理。

第二十五条 办理转移登记时，现机动车所有人为单位且住所不在车辆管理所管辖区域内的，可以提交《组织机构代码证书》的复印件、加盖单位公章的委托书和被委托人的身份证明作为其机动车所有人身份证明。

第四节 抵押登记

第二十六条 办理抵押登记的业务流程和具体事项为：

（一）登记审核岗审查《机动车抵押登记/质押备案申请表》、机动车所有人和抵押权人的身份证明、登记证书、依法订立的主合同和抵押合同。符合规定的，录入登记信息，向机动车所有人出具受理凭证。签注登记证书交机动车所有人。

（二）档案管理岗核对计算机登记系统的信息，整理资料，装订、归档。

在机动车抵押期间，机动车所有人将机动车再次抵押的，按照本条第一款的规定办理。

第二十七条 办理解除抵押登记的业务流程和具体事项为：

（一）登记审核岗审查《机动车抵押登记/质押备案申请表》、机动车所有人和抵押权人的身份证明、登记证书。属于被人民法院调解、裁定、判决机动车解除抵押的，审查《机动车抵押登记/质押备案申请表》、登记证书、人民法院出具的已经生效的《调解书》、《裁定书》或者《判决书》以及相应的《协助执行通知书》。符合规定的，录入登记信息，签注登记证书交机动车所有人。

（二）档案管理岗核对计算机登记系统的信息，整理资料，装订、归档。

第二十八条 下列资料存入机动车档案：

（一）《机动车抵押登记/质押备案申请表》原件；

（二）机动车所有人和抵押权人的身份证明复印件；

（三）属于抵押登记的，收存抵押合同原件或者复印件；

（四）属于被人民法院调解、裁定、判决机动车解除抵押的，收存人民法院出具的《调解书》、《裁定书》或者《判决书》的复印件以及相应的《协助执行通知书》原件。

第五节 注销登记

第二十九条 办理注销登记的业务流程和具体事项为：

（一）登记审核岗审查下列资料：

1. 对机动车报废解体的，审查机动车回收企业提交的《机动车注册、转移、注销登记/转入申请表》、登记证书、号牌、行驶证、《报废机动车回收证明》副本；属于本规范第三十一条规定的监销车辆的，还应当审查机动车查验记录表。

2. 对机动车灭失的，审查《机动车注册、转移、注销登记/转入申请表》、机动车所有人身份证明、登记证书、行驶证和机动车灭失证明。

3. 对因机动车质量问题退车的，审查《机动车注册、转移、注销登记/转入申请表》、机动车所有人身份证明、登记证书、行驶证和机动车制造厂或者经销商出具的退车证明，并对涉及机动车的交通安全违法行为和交通事故处理情况进行核查。

4. 对机动车因故不在我国境内使用的，审查《机动车注册、转移、注销登记/转入申请表》、机动车所有人身份证明、登记证书、行驶证和出境证明，并对涉及机动车的交通安全违法行为和交通事故处理情况进行核查。属于海关监管的机动车，出境证明为海关出具的《中华人民共和国海关监管车辆进（出）境领（销）牌照通知书》。

5. 对机动车登记被撤销的，审查公安机关交通管理部门出具的《公安交通管理撤销决定书》。

6. 对非法拼（组）装或者达到国家强制报废标准的机动车被依法收缴并强制报废的，审查机动车被依法收缴的法律文书和《报废机动车回收证明》副本。

（二）符合规定的，登记审核岗录入登记信息；收回登记证书、号牌、行驶证，对未收回的在计算机登记系统中注明情况；销毁号牌；属于因机动车质量问题退车的，退还机动车来历证明、合格证或者进口凭证、车辆购置税的完税证明或者免税凭证、机动车交通事故责任强制保险凭证；出具《机动车注销证明》交机动车所有人。

（三）档案管理岗核对计算机登记系统的信息，整理资料，装订、归档。

第三十条　下列资料存入机动车档案：

（一）《机动车注册、转移、注销登记/转入申请表》原件；

（二）登记证书原件；

（三）行驶证原件；

（四）属于报废的，收存《报废机动车回收证明》副本原件，其中属于本规范第三十一条规定的监销车辆的，还应当收存机动车查验记录表。

（五）属于灭失的，收存灭失证明原件；

（六）属于因机动车质量问题退车的，收存机动车制造厂或者经销商出具的退车证明原件；

（七）属于因故不在我国境内使用的，收存出境证明复印件，其中出境证明为海关出具的《中华人民共和国海关监管车辆进（出）境领（销）牌照通知书》的，收存原件；

（八）属于机动车登记被撤销的，收存《公安交通管理撤销决定书》原件；

（九）属于被依法收缴并强制报废的，收存被依法收缴的法律文书复印件和《报废机动车回收证明》副本原件。

第三十一条　大型客车、中型以上货车及其他营运车辆在机动车回收企业解体时，车辆管理所应当派民警现场监督，并制作客车车身或者货车车架切割解体前、解体后以及包含车辆识别代号部件的照片，粘贴在机动车查验记录表上并签字。

第三十二条　因车辆损坏无法驶回登记地的，机动车回收企业向报废地车辆管理所申请注销登记时，报废地车辆管理所审查《机动车注册、转移、注销登记/转入申请表》、登记证书、号牌、行驶证和《报废机动车回收证明》副本；属于本规范第三十一条规定的监销车辆的，还应当审查机动车查验记录表。符合规定的，查询并下载机动车登记信息，录入报废信息，收回登记证书、号牌、行驶证；对未收回的，在计算机登记系统中注明情况；销毁号牌。收存《机动车注册、转移、注销登记/转入申请表》、登记证书、行驶证和《报废机动车回收证明》副本。

登记地车辆管理所每个工作日通过计算机登记系统查询机动车异地报废解体信息，打印异地报废解体证明，办理注销登记，将异地报废解体证明存入机动车档案。机动车所有人领取《机动车注销证明》时，审查机动车所有人身份证明或者《报废机动车回收证明》，出具《机动车注销证明》交机动车所有人。

第三十三条　车辆管理所应当每季度公告一次登记证书、号牌、行驶证作废的信息，具体内容为：

（一）机动车号牌号码；

（二）机动车的号牌种类；

（三）机动车的品牌型号；

（四）登记证书编号；

（五）车辆识别代号。

第三章　其他规定

第一节　质押备案和解除质押备案

第三十四条　办理机动车质押备案或者解除质押备案的业务流程和具体事项为：

（一）登记审核岗审查《机动车抵押登记/质押备案申请表》、机动车所有人和典当行的身份证明、登记证书。符合规定的，录入备案信息，向机动车所有人出具受理凭证，签注登记证书交机动车所有人。

（二）档案管理岗核对计算机登记系统的信息，整理资料，装订、归档。

第三十五条　下列资料存入机动车档案：

（一）《机动车抵押登记/质押备案申请表》原件；

（二）机动车所有人和典当行的身份证明复印件。

第二节　核发临时行驶车号牌和临时入境机动车牌证

第三十六条　办理机动车临时行驶车号牌的业务流程和具体事项为：登记审核岗审查机动车所有人身份证明、机动车交通事故责任强制保险凭证。属于未销售的机动车或者因轴荷、总质量、外廓尺寸超出国家标准的特型机动车的，还应当审查合格证或者进口凭证；属于购买、调拨、赠予等方式获得后尚未注册登记的机动车的，还应当审查机动车来历证明、合格证或者进口凭证；属于科研、定型试验的机动车的，还应当审查科研、定型试验单位的书面申请和机动车安全技术检验合格证明。符合规定的，录入相关信息，向机动车所有人出具受理凭证，按规定核发临时行驶车号牌。

第三十七条 车辆管理所留存下列资料并保存两年：

（一）机动车所有人身份证明复印件；

（二）机动车交通事故责任强制保险凭证复印件；

（三）属于科研、定型试验的机动车的，收存科研、定型试验单位的书面申请和机动车安全技术检验合格证明原件；

（四）属于因轴荷、总质量、外廓尺寸超出国家标准的特型机动车的，收存合格证或者进口凭证复印件。

第三十八条 办理临时入境机动车号牌、行驶证的业务流程和具体事项为：

（一）查验岗确认机动车号牌号码、车辆识别代号是否与境外主管部门核发的机动车登记证明一致；审查机动车安全技术检验合格证明，属于境外主管部门核发的非中文表述的，还应当审查中文翻译文本。属于载货汽车、挂车的，还应当审查车辆外廓尺寸等是否符合我国的国家标准。符合规定的，在《临时入境机动车号牌、行驶证申请表》上签字并内部传递至登记审核岗。

（二）登记审核岗审查《临时入境机动车号牌、行驶证申请表》、中国海关等部门出具的准许机动车入境的凭证、不少于临时入境期限的中国机动车交通事故责任强制保险凭证、境外主管部门核发的机动车登记证明，属于非中文表述的，还应当审查中文翻译文本，属于有组织的旅游、比赛以及其他交往活动的，还应当审查我国相关部门出具的证明。符合规定的，录入相关信息，向机动车所有人出具受理凭证。按规定核发临时入境机动车号牌、行驶证。

（三）档案管理岗核对计算机登记系统的信息，整理资料，装订、归档。

第三十九条 车辆管理所留存下列资料并保存两年：

（一）《临时入境机动车号牌、行驶证申请表》原件；

（二）境外主管部门核发的机动车登记证明复印件，属于非中文表述的，还应当收存中文翻译文本原件；

（三）中国海关等部门出具的准许机动车入境的凭证复印件；

（四）属于有组织的旅游、比赛以及其他交往活动的，收存中国相关部门出具的证明原件；

（五）不少于临时入境期限的中国机动车交通事故责任强制保险凭证第三联原件，原件丢失的，收存其他任一联复印件并加盖保险公司印章。

第三节　申领和补、换领机动车牌证及登记事项更正

第四十条　办理补领、申领登记证书的业务流程和具体事项为：

（一）查验岗查验机动车。属于申领登记证书的，还应当核对车辆识别代号拓印膜。符合规定的，在机动车查验记录表上签字并内部传递至登记审核岗。

（二）登记审核岗审查《机动车牌证申请表》、机动车所有人身份证明。符合规定的，录入相关信息，向机动车所有人出具受理凭证。属于补领登记证书的，制作登记证书交机动车所有人。属于申领登记证书的，在受理凭证上签注领取时间，核对计算机登记系统的信息，调阅档案，比对机动车所有人身份证明和车辆识别代号拓印膜，制作登记证书交机动车所有人。

（三）档案管理岗核对计算机登记系统的信息，整理资料，装订、归档。

第四十一条　办理换领登记证书的业务流程和具体事项为：

（一）登记审核岗审查《机动车牌证申请表》、机动车所有人身份证明。符合规定的，录入相关信息，向机动车所有人出具受

理凭证。收回原登记证书；对不属于登记证书签注满后申请换发的，销毁原登记证书；制作登记证书交机动车所有人。

（二）档案管理岗核对计算机登记系统的信息，整理资料，装订、归档。

第四十二条 下列资料存入机动车档案：

（一）《机动车牌证申请表》原件；

（二）机动车所有人身份证明复印件；

（三）属于补领、申领登记证书的，收存机动车查验记录表原件；

（四）属于登记证书签注满后申请换领的，收存原登记证书原件。

第四十三条 属于《机动车登记规定》第二十一条规定情形的，按照本规范第四十条的规定办理补领登记证书业务，但登记审核岗还应当审查人民检察院、行政执法部门出具的未得到登记证书的证明或者人民法院出具的《协助执行通知书》，并存入机动车档案。

第四十四条 办理补、换领号牌、行驶证的业务流程和具体事项为：

（一）登记审核岗审查《机动车牌证申请表》、机动车所有人身份证明。符合规定的，录入相关信息，收回未灭失、丢失或者损坏的部分并销毁。属于补、换领行驶证的，向机动车所有人出具受理凭证；制作行驶证交机动车所有人。属于补、换领号牌的，向机动车所有人出具受理凭证，并在受理凭证上签注领取时间；核发有效期不超过十五日的临时行驶车号牌；号牌制作完成后交机动车所有人。

（二）档案管理岗核对计算机登记系统的信息，整理资料，装订、归档。

第四十五条 下列资料存入机动车档案：

（一）《机动车牌证申请表》原件；

（二）机动车所有人身份证明复印件。

第四十六条 办理登记事项更正的业务流程和具体事项为：

（一）登记审核岗核实登记事项，确属登记错误的，在计算机登记系统中更正；签注登记证书。需要重新核发行驶证的，收回原行驶证并销毁，制作行驶证交机动车所有人；需要改变机动车号牌号码的，收回原号牌、行驶证并销毁，确定新的机动车号牌号码，制作号牌、行驶证和检验合格标志交机动车所有人。

（二）档案管理岗核对计算机登记系统的信息，整理资料，装订、归档。

第四节 核发机动车检验合格标志

第四十七条 已注册登记的机动车参加定期安全技术检验合格的，办理核发检验合格标志的业务流程和具体事项为：查验岗审查《机动车牌证申请表》、行驶证、机动车安全技术检验合格证明、机动车交通事故责任强制保险凭证；查验机动车。符合规定的，在机动车查验记录表上签字。对涉及机动车的交通安全违法行为和交通事故处理情况进行核查；录入相关信息；制作检验合格标志；在行驶证副页上签注检验记录，对行驶证副页签注信息已满的，收回原行驶证，重新制作行驶证；将行驶证、检验合格标志交机动车所有人。

第四十八条 车辆管理所留存下列资料并保存两年：

（一）《机动车牌证申请表》原件；

（二）机动车交通事故责任强制保险凭证第三联原件。原件丢失的，收存其他任一联复印件并加盖保险公司印章。原件因上次核发检验合格标志时已收存的，收存其他任一联复印件；

（三）机动车安全技术检验合格证明原件；

（四）机动车查验记录表原件；

（五）属于行驶证副页签注满后换发的，收存原行驶证原件。

第四十九条 委托核发检验合格标志的业务流程和具体事项为：

（一）登记地车辆管理所审查行驶证或者登记证书，对涉及机动车的交通安全违法行为和交通事故处理情况进行核查。符合规定的，录入委托事项，签注《委托核发检验合格标志通知书》。

（二）受委托检验地车辆管理所按照本规范第四十七条的规定办理。但审查机动车所有人提交的资料时，还应当审查《委托核发检验合格标志通知书》，并与下载的委托信息进行比对。

（三）登记地车辆管理所每个工作日从全国交通管理信息系统下载委托核发检验合格标志的机动车信息，保存在计算机登记系统中。

第五十条 登记地车辆管理所留存下列资料并保存两年：

（一）《委托核发机动车检验合格标志通知书》存根原件；

（二）行驶证或者登记证书复印件。

受委托检验地车辆管理所留存下列资料并保存两年：

（一）《委托核发机动车检验合格标志通知书》原件；

（二）本规范第四十八条规定留存的资料。

第五十一条 办理补领、换领检验合格标志的，车辆管理所审查《机动车牌证申请表》和行驶证，核对登记信息，在安全技术检验合格和交通事故责任强制保险有效期内的，补发检验合格标志。

第四章 机动车档案

第五十二条 车辆管理所建立每辆机动车的档案，确定档案编号。机动车档案按照机动车号牌种类、号牌号码或者档案编号顺序存放。

车辆管理所按照本规范规定的存档资料顺序,按照国际标准A4纸尺寸,对每次登记的资料装订成册,并填写或者打印档案资料目录,置于资料首页。

第五十三条 车辆管理所对人民法院、人民检察院、公安机关或者其他行政执法部门、纪检监察部门以及公证机构、仲裁机构、律师事务机构等因办案需要查阅机动车档案的,审查其提交的档案查询公函和经办人工作证明;对机动车所有人查询本人的机动车档案的,审查其身份证明。

查阅档案应当在档案查阅室进行,档案管理人员应当在场。需要出具证明或者复印档案资料的,经业务领导批准。

除机动车所有权转移到原登记车辆管理所辖区以外和机动车所有人住所迁出车辆管理所辖区以外的变更登记外,已入库的机动车档案原则上不得再出库。

第五十四条 车辆管理所办理人民法院、人民检察院、公安机关或者其他行政执法部门依法要求查封、扣押机动车的,应当审查提交的公函和经办人的工作证明。

车辆管理所自受理之日起,暂停办理该机动车的登记业务,将查封信息录入计算机登记系统,将公函存入机动车档案。车辆管理所接到原查封单位的公函,通知解封机动车档案的,应当立即予以解封,恢复办理该机动车的各项登记,将解封信息录入计算机登记系统,公函存入机动车档案。

机动车在人民法院民事执行查封、扣押期间,其他人民法院依法要求轮候查封、扣押的,可以办理轮候查封、扣押。机动车解除查封、扣押后,登记在先的轮候查封、扣押自动生效,查封期限从自动生效之日起计算。

第五十五条　车辆管理所因意外事件致使机动车档案损毁、丢失的，应当书面报告省级公安机关交通管理部门，经书面批准后，按照计算机登记系统的信息补建机动车档案，打印该机动车在计算机系统内的所有记录信息，并补充机动车所有人身份证明复印件。

机动车档案补建完毕后，报省级公安机关交通管理部门审核。省级公安机关交通管理部门与计算机登记系统核对，并出具核对公函。审核进口机动车档案时，属于全国进口机动车计算机核查系统内的机动车还应当与计算机核查系统比对，经核查无记录的，不得出具核对公函。补建的机动车档案与原机动车档案有同等效力，但档案资料内无省级公安机关交通管理部门批准补建档案的文件和核对公函的除外。

第五十六条　机动车所有人在办理完毕机动车档案转出但尚未办理机动车转入前将机动车档案损毁或者丢失的，应当向转出地车辆管理所申请补建机动车档案。转出地车辆管理所按照本规范第五十五条的规定办理。

第五十七条　由代理人代理申请机动车登记和相关业务的，车辆管理所应当审查代理人的身份证明，代理人为单位的还应当审查经办人的身份证明；将代理人和经办人的身份证明复印件、机动车所有人的书面委托存入机动车档案。

第五十八条　机动车档案从注销登记之日起保存两年后销毁。属于撤销机动车登记的，机动车档案保存三年后销毁。

销毁机动车档案时，车辆管理所应当对需要销毁的机动车档案登记造册，并书面报告所属直辖市或者设区的市公安机关交通管理部门，经批准后方可销毁。销毁机动车档案应当在指定的地点，监销人和销毁人共同在销毁记录上签字。记载销毁档案情况的登记簿和销毁记录存档备查。

第五章　嫌疑车辆调查

第五十九条　车辆管理所各业务岗位在办理机动车登记及相关业务过程中，有下列情形之一的，进入嫌疑车辆调查程序：

（一）机动车所有人身份证明、机动车来历证明、合格证、进口凭证、车辆购置税完税证明或者免税凭证、机动车交通事故责任强制保险凭证、号牌、行驶证、登记证书或者机动车档案被涂改或者有伪造嫌疑的；

（二）车辆识别代号或者发动机号码与被盗抢机动车信息库的同类型机动车的记录完全相同，或者数字完全相同，或者有被盗抢记录的；

（三）车辆识别代号、发动机号码有凿改、挖补痕迹或者擅自另外打刻的；

（四）车辆识别代号、发动机号码与合格证、进口凭证、行驶证、登记证书或者机动车档案记载不一致的；

（五）与国产机动车整车出厂合格证核查系统、进口机动车核查系统比对，信息重复核对的。

第六十条　车辆管理所应当建立嫌疑车辆调查台账，对能够排除嫌疑的，在机动车查验记录表上注明情况并签字；对不能排除的，滞留车辆，询问机动车所有人或者代理人并做询问笔录，开具行政强制措施凭证交机动车所有人或者代理人，并按照下列规定调查：

（一）确认机动车，复核有关资料，确认嫌疑事项并做嫌疑车辆查验记录；

（二）属于本规范第五十九条第（一）项规定情形的，向有关发证机关调查取证，其中对进口凭证真伪有疑问的持进口凭证原件到发证机关查询，对进口凭证内容有疑问的向发证机关传真查询；经核实的移交有关部门查处。

（三）属于本规范第五十九条第（二）项、第（三）项规定情形的，拓印车辆识别代号、发动机号码；经核实的移交有关部门查处。

（四）属于本规范第五十九条第（四）项规定情形的，需要取证的，向有关部门取证；经核实的移交有关部门查处。

（五）属于本规范第五十九条第（五）项规定情形的，填写重复核对报告表，按规定上报。对排除走私、被盗抢等嫌疑的，及时发还机动车并办理有关登记手续；对经核实有走私、被盗抢等嫌疑的，移交有关部门查处。

车辆管理所移交嫌疑车辆时，应当填写嫌疑车辆移交清单，注明移交车辆的特征和有关资料，并附嫌疑车辆查验记录和询问记录，办理交接手续。

车辆管理所对嫌疑车辆启动嫌疑车辆调查程序时，应当通知机动车所有人或者代理人协助调查。调查嫌疑车辆的时间不计入机动车登记时限。

第六十一条 排除嫌疑的机动车，办案单位应当出具公函，车辆管理所应当以书面形式记载调查情况，将有关证据、询问记录和办案单位出具的公函存入机动车档案。

第六章 附 则

第六十二条 车辆管理所办理机动车登记业务时，业务受理、资料审查、机动车查验工作，应当由民警承担或者由聘用人员按规定在民警监督下执行。业务导办、数据录入、制发牌证、档案整理等工作可以由聘用人员承担。

车辆管理所民警和聘用人员办理机动车登记业务时,应当使用本人的用户名、密码或者PKI/PMI登录计算机登记系统,并定期更换密码。严禁使用他人的用户名、密码或者PKI/PMI登录计算机登记系统。

车辆管理所办理机动车登记业务时,应当于业务办结后三日内在计算机登记系统中归档,并在36小时内将登记信息上传到全国交通管理信息系统。

第六十三条 车辆管理所存在严重违规办理机动车登记业务的,省级公安机关交通管理部门可以指派其他车辆管理所人员接管办理该车辆管理所相关业务。

第六十四条 登记审核岗应当设在车辆管理所业务办公大厅内,对外统一设置"业务受理"窗口标识。查验岗对外统一设置"机动车查验"标识。

机动车销售单位、交易市场、机动车安全技术检验机构、机动车报废回收企业等场所或者单位代办机动车登记业务的,对外使用"XX机动车登记服务站"的名称。代办资质条件和业务范围由省级公安机关交通管理部门制定。

第六十五条 车辆管理所应当在机动车强制报废期满的二个月前,或者检验合格有效期满后的二个月内,通过信函、手机短信或者向社会公告等方式告知机动车所有人。

车辆管理所应当积极推行通过互联网预约、受理、办理机动车登记和业务。

第六十六条 本规范自2008年10月1日起施行,公安部印发的《机动车登记工作规范》(公交管〔2004〕115号)和《关于印发〈车辆管理所业务岗位规范〉等5个规定的通知》(公通字〔1999〕46号)同时废止。其他有关规定与本规范不一致的,按照本规范执行。

机动车驾驶证申领和使用规定

中华人民共和国公安部令

第 139 号

《公安部关于修改〈机动车驾驶证申领和使用规定〉的决定》已经公安部部长办公会议通过，现予发布，自 2016 年 4 月 1 日起施行。

公安部部长
2016 年 1 月 29 日

（2004 年 4 月 30 日公安部部长办公会议通过；根据 2006 年 12 月 20 日中华人民共和国公安部令第 91 号修订；根据 2009 年 12 月 07 日中华人民共和国公安部令第 111 号修订；根据 2012 年 09 月 12 日中华人民共和国公安部令第 123 号修订；根据 2016 年 1 月 29 日中华人民共和国公安部令第 139 号修订）

第一章 总 则

第一条 根据《中华人民共和国道路交通安全法》及其实施

条例、《中华人民共和国行政许可法》，制定本规定。

第二条　本规定由公安机关交通管理部门负责实施。

省级公安机关交通管理部门负责本省（自治区、直辖市）机动车驾驶证业务工作的指导、检查和监督。直辖市公安机关交通管理部门车辆管理所、设区的市或者相当于同级的公安机关交通管理部门车辆管理所负责办理本行政辖区内机动车驾驶证业务。

县级公安机关交通管理部门车辆管理所可以办理本行政辖区内低速载货汽车、三轮汽车、摩托车驾驶证业务，以及其他机动车驾驶证换发、补发、审验、提交身体条件证明等业务。条件具备的，可以办理小型汽车、小型自动挡汽车、残疾人专用小型自动挡载客汽车驾驶证业务，以及其他机动车驾驶证的道路交通安全法律、法规和相关知识考试业务。具体业务范围和办理条件由省级公安机关交通管理部门确定。

第三条　车辆管理所办理机动车驾驶证业务，应当遵循严格、公开、公正、便民的原则。

车辆管理所办理机动车驾驶证业务，应当依法受理申请人的申请，审核申请人提交的材料。对符合条件的，按照规定的标准、程序和期限办理机动车驾驶证。对申请材料不齐全或者不符合法定形式的，应当一次书面告知申请人需要补正的全部内容。对不符合条件的，应当书面告知理由。

车辆管理所应当将法律、行政法规和本规定的有关办理机动车驾驶证的事项、条件、依据、程序、期限以及收费标准、需要提交的全部材料的目录和申请表示范文本等在办公场所公示。

省级、设区的市或者相当于同级的公安机关交通管理部门应当在互联网上建立主页，发布信息，便于群众查阅办理机动车驾驶证的有关规定，查询驾驶证使用状态、交通违法及记分等情况，下载、使用有关表格。

第四条 申请办理机动车驾驶证业务的人,应当如实向车辆管理所提交规定的材料,如实申告规定的事项,并对其申请材料实质内容的真实性负责。

第五条 公安机关交通管理部门应当建立对车辆管理所办理机动车驾驶证业务的监督制度,加强对驾驶人考试、驾驶证核发和使用的监督管理。

第六条 车辆管理所应当使用机动车驾驶证计算机管理系统核发、打印机动车驾驶证,不使用计算机管理系统核发、打印的机动车驾驶证无效。

机动车驾驶证计算机管理系统的数据库标准和软件全国统一,能够完整、准确地记录和存储申请受理、科目考试、机动车驾驶证核发等全过程和经办人员信息,并能够实时将有关信息传送到全国公安交通管理信息系统。

第七条 车辆管理所应当使用互联网交通安全综合服务管理平台,按规定办理机动车驾驶证业务。

互联网交通安全综合服务管理平台信息管理系统数据库标准和软件全国统一。

申请人使用互联网交通安全综合服务管理平台办理机动车驾驶证业务的,经过身份验证后,可以通过网上提交申请。

第二章 机动车驾驶证申请

第一节 机动车驾驶证

第八条 驾驶机动车,应当依法取得机动车驾驶证。

第九条 机动车驾驶人准予驾驶的车型顺序依次分为:大型客车、牵引车、城市公交车、中型客车、大型货车、小型汽车、小型自动挡汽车、低速载货汽车、三轮汽车、残疾人专用小型自动挡载客汽车、普通三轮摩托车、普通二轮摩托车、轻便摩托车、轮式自行机械车、无轨电车和有轨电车（附件1）。

第十条 机动车驾驶证记载和签注以下内容：

（一）机动车驾驶人信息：姓名、性别、出生日期、国籍、住址、身份证明号码（机动车驾驶证号码）、照片；

（二）车辆管理所签注内容：初次领证日期、准驾车型代号、有效期限、核发机关印章、档案编号。

第十一条 机动车驾驶证有效期分为六年、十年和长期。

第二节 申 请

第十二条 申请机动车驾驶证的人，应当符合下列规定：

（一）年龄条件：

1. 申请小型汽车、小型自动挡汽车、残疾人专用小型自动挡载客汽车、轻便摩托车准驾车型的，在18周岁以上、70周岁以下；

2. 申请低速载货汽车、三轮汽车、普通三轮摩托车、普通二轮摩托车或者轮式自行机械车准驾车型的，在18周岁以上，60周岁以下；

3. 申请城市公交车、大型货车、无轨电车或者有轨电车准驾车型的，在20周岁以上，50周岁以下；

4. 申请中型客车准驾车型的，在21周岁以上，50周岁以下；

5. 申请牵引车准驾车型的，在24周岁以上，50周岁以下；

6. 申请大型客车准驾车型的，在26周岁以上，50周岁以下；

7. 接受全日制驾驶职业教育的学生，申请大型客车、牵引车准驾车型的，在20周岁以上，50周岁以下。

（二）身体条件：

1. 身高：申请大型客车、牵引车、城市公交车、大型货车、

无轨电车准驾车型的,身高为155厘米以上。申请中型客车准驾车型的,身高为150厘米以上;

2. 视力:申请大型客车、牵引车、城市公交车、中型客车、大型货车、无轨电车或者有轨电车准驾车型的,两眼裸视力或者矫正视力达到对数视力表5.0以上。申请其他准驾车型的,两眼裸视力或者矫正视力达到对数视力表4.9以上。单眼视力障碍,优眼裸视力或者矫正视力达到对数视力表5.0以上,且水平视野达到150度的,可以申请小型汽车、小型自动挡汽车、低速载货汽车、三轮汽车、残疾人专用小型自动挡载客汽车准驾车型的机动车驾驶证;

3. 辨色力:无红绿色盲;

4. 听力:两耳分别距音叉50厘米能辨别声源方向。有听力障碍但佩戴助听设备能够达到以上条件的,可以申请小型汽车、小型自动挡汽车准驾车型的机动车驾驶证;

5. 上肢:双手拇指健全,每只手其他手指必须有三指健全,肢体和手指运动功能正常。但手指末节残缺或者左手有三指健全,且双手手掌完整的,可以申请小型汽车、小型自动挡汽车、低速载货汽车、三轮汽车准驾车型的机动车驾驶证;

6. 下肢:双下肢健全且运动功能正常,不等长度不得大于5厘米。但左下肢缺失或者丧失运动功能的,可以申请小型自动挡汽车准驾车型的机动车驾驶证;

7. 躯干、颈部:无运动功能障碍;

8. 右下肢、双下肢缺失或者丧失运动功能但能够自主坐立,且上肢符合本项第5目规定的,可以申请残疾人专用小型自动挡载客汽车准驾车型的机动车驾驶证。一只手掌缺失,另一只手拇指健全,其他手指有两指健全,上肢和手指运动功能正常,且下肢符合本项第6目规定的,可以申请残疾人专用小型自动挡载客汽车准驾车型的机动车驾驶证。

第十三条 有下列情形之一的，不得申请机动车驾驶证：

（一）有器质性心脏病、癫痫病、美尼尔氏症、眩晕症、癔病、震颤麻痹、精神病、痴呆以及影响肢体活动的神经系统疾病等妨碍安全驾驶疾病的；

（二）三年内有吸食、注射毒品行为或者解除强制隔离戒毒措施未满三年，或者长期服用依赖性精神药品成瘾尚未戒除的；

（三）造成交通事故后逃逸构成犯罪的；

（四）饮酒后或者醉酒驾驶机动车发生重大交通事故构成犯罪的；

（五）醉酒驾驶机动车或者饮酒后驾驶营运机动车依法被吊销机动车驾驶证未满五年的；

（六）醉酒驾驶营运机动车依法被吊销机动车驾驶证未满十年的；

（七）因其他情形依法被吊销机动车驾驶证未满二年的；

（八）驾驶许可依法被撤销未满三年的；

（九）法律、行政法规规定的其他情形。

未取得机动车驾驶证驾驶机动车，有第一款第五项至第七项行为之一的，在规定期限内不得申请机动车驾驶证。

第十四条 初次申领机动车驾驶证的，可以申请准驾车型为城市公交车、大型货车、小型汽车、小型自动挡汽车、低速载货汽车、三轮汽车、残疾人专用小型自动挡载客汽车、普通三轮摩托车、普通二轮摩托车、轻便摩托车、轮式自行机械车、无轨电车、有轨电车的机动车驾驶证。

已持有机动车驾驶证，申请增加准驾车型的，可以申请增加的准驾车型为大型客车、牵引车、城市公交车、中型客车、大型货车、小型汽车、小型自动挡汽车、低速载货汽车、三轮汽车、普通三轮摩托车、普通二轮摩托车、轻便摩托车、轮式自行机械车、无轨电车、有轨电车。

第十五条 已持有机动车驾驶证，申请增加准驾车型的，应当在本记分周期和申请前最近一个记分周期内没有记满12分记录。申请增加中型客车、牵引车、大型客车准驾车型的，还应当符合下列规定：

（一）申请增加中型客车准驾车型的，已取得驾驶城市公交车、大型货车、小型汽车、小型自动挡汽车、低速载货汽车或者三轮汽车准驾车型资格三年以上，并在申请前最近连续三个记分周期内没有记满12分记录；

（二）申请增加牵引车准驾车型的，已取得驾驶中型客车或者大型货车准驾车型资格三年以上，或者取得驾驶大型客车准驾车型资格一年以上，并在申请前最近连续三个记分周期内没有记满12分记录；

（三）申请增加大型客车准驾车型的，已取得驾驶城市公交车、中型客车或者大型货车准驾车型资格五年以上，或者取得驾驶牵引车准驾车型资格二年以上，并在申请前最近连续五个记分周期内没有记满12分记录。

正在接受全日制驾驶职业教育的学生，已在校取得驾驶小型汽车准驾车型资格，并在本记分周期和申请前最近一个记分周期内没有记满12分记录的，可以申请增加大型客车、牵引车准驾车型。

第十六条 有下列情形之一的，不得申请大型客车、牵引车、城市公交车、中型客车、大型货车准驾车型：

（一）发生交通事故造成人员死亡，承担同等以上责任的；

（二）醉酒后驾驶机动车的；

（三）被吊销或者撤销机动车驾驶证未满十年的。

第十七条 持有军队、武装警察部队机动车驾驶证，或者持有境外机动车驾驶证，符合本规定的申请条件，可以申请相应准驾车型的机动车驾驶证。

第十八条 申领机动车驾驶证的人，按照下列规定向车辆管理所提出申请：

（一）在户籍所在地居住的，应当在户籍所在地提出申请；

（二）在户籍所在地以外居住的，可以在居住地提出申请；

（三）现役军人（含武警），应当在居住地提出申请；

（四）境外人员，应当在居留地或者居住地提出申请；

（五）申请增加准驾车型的，应当在所持机动车驾驶证核发地提出申请；

（六）接受全日制驾驶职业教育，申请增加大型客车、牵引车准驾车型的，应当在接受教育地提出申请。

第十九条 初次申请机动车驾驶证，应当填写申请表，并提交以下证明：

（一）申请人的身份证明；

（二）县级或者部队团级以上医疗机构出具的有关身体条件的证明。属于申请残疾人专用小型自动挡载客汽车的，应当提交经省级卫生主管部门指定的专门医疗机构出具的有关身体条件的证明。

第二十条 申请增加准驾车型的，应当填写申请表，提交第十九条规定的证明和所持机动车驾驶证。属于接受全日制驾驶职业教育，申请增加大型客车、牵引车准驾车型的，还应当提交学校出具的学籍证明。

第二十一条 持军队、武装警察部队机动车驾驶证的人申请机动车驾驶证，应当填写申请表，并提交以下证明、凭证：

（一）申请人的身份证明。属于复员、转业、退伍的人员，还应当提交军队、武装警察部队核发的复员、转业、退伍证明；

（二）县级或者部队团级以上医疗机构出具的有关身体条件的证明；

（三）军队、武装警察部队机动车驾驶证。

第二十二条 持境外机动车驾驶证的人申请机动车驾驶证，应当填写申请表，并提交以下证明、凭证：

（一）申请人的身份证明；

（二）县级以上医疗机构出具的有关身体条件的证明。属于外国驻华使馆、领馆人员及国际组织驻华代表机构人员申请的，按照外交对等原则执行；

（三）所持机动车驾驶证。属于非中文表述的，还应当出具中文翻译文本。

申请人属于内地居民的，还应当提交申请人的护照或者《内地居民往来港澳通行证》、《大陆居民往来台湾通行证》。

第二十三条 实行小型汽车、小型自动挡汽车驾驶证自学直考的地方，申请人可以使用加装安全辅助装置的自备机动车，在具备安全驾驶经历等条件的人员随车指导下，按照公安机关交通管理部门指定的路线、时间学习驾驶技能，按照第十九条或者第二十条的规定申请相应准驾车型的驾驶证。

小型汽车、小型自动挡汽车驾驶证自学直考管理制度由公安部另行规定。

第二十四条 申请机动车驾驶证的人，符合本规定要求的驾驶许可条件，具有下列情形之一的，可以按照第十四条第一款和第十九条的规定直接申请相应准驾车型的机动车驾驶证考试：

（一）原机动车驾驶证因超过有效期未换证被注销的；

（二）原机动车驾驶证因未提交身体条件证明被注销的；

（三）原机动车驾驶证由本人申请注销的；

（四）原机动车驾驶证因身体条件暂时不符合规定被注销的；

（五）原机动车驾驶证因其他原因被注销的，但机动车驾驶证被吊销或者被撤销的除外；

（六）持有的军队、武装警察部队机动车驾驶证超过有效期的；

（七）持有的境外机动车驾驶证超过有效期的。

有前款第六项、第七项规定情形之一的，还应当提交超过有效期的机动车驾驶证。

第二十五条 申请人提交的证明、凭证齐全、符合法定形式的，车辆管理所应当受理，并按规定审核申请人的机动车驾驶证申请条件。属于第二十二条第二款规定情形的，还应当核查申请人的出入境记录；属于第二十四条第一款第一项至第五项规定情形之一的，还应当核查申请人的驾驶经历。

对于符合申请条件的，车辆管理所应当按规定安排预约考试；不需要考试的，一日内核发机动车驾驶证。

第二十六条 车辆管理所对申请人的申请条件及提交的材料、申告的事项有疑义的，可以对实质内容进行调查核实。

调查时，应当询问申请人并制作询问笔录，向证明、凭证的核发机关核查。

经调查，申请人不符合申请条件的，不予办理；有违法行为的，依法予以处理。

第三章 机动车驾驶人考试

第一节 考试内容和合格标准

第二十七条 机动车驾驶人考试内容分为道路交通安全法律、法规和相关知识考试科目（以下简称"科目一"）、场地驾驶技能考试科目（以下简称"科目二"）、道路驾驶技能和安全文明驾驶常识考试科目（以下简称"科目三"）。

第二十八条　考试内容和合格标准全国统一，根据不同准驾车型规定相应的考试项目。

第二十九条　科目一考试内容包括：道路通行、交通信号、交通安全违法行为和交通事故处理、机动车驾驶证申领和使用、机动车登记等规定以及其他道路交通安全法律、法规和规章。

第三十条　科目二考试内容包括：

（一）大型客车、牵引车、城市公交车、中型客车、大型货车考试桩考、坡道定点停车和起步、侧方停车、通过单边桥、曲线行驶、直角转弯、通过限宽门、通过连续障碍、起伏路行驶、窄路掉头，以及模拟高速公路、连续急弯山区路、隧道、雨（雾）天、湿滑路、紧急情况处置；

（二）小型汽车、小型自动挡汽车、残疾人专用小型自动挡载客汽车和低速载货汽车考试倒车入库、坡道定点停车和起步、侧方停车、曲线行驶、直角转弯；

（三）三轮汽车、普通三轮摩托车、普通二轮摩托车和轻便摩托车考试桩考、坡道定点停车和起步、通过单边桥；

（四）轮式自行机械车、无轨电车、有轨电车的考试内容由省级公安机关交通管理部门确定。

对第一款第一项、第二项规定的准驾车型，省级公安机关交通管理部门可以根据实际增加考试内容。

第三十一条　科目三道路驾驶技能考试内容包括：大型客车、牵引车、城市公交车、中型客车、大型货车、小型汽车、小型自动挡汽车、低速载货汽车和残疾人专用小型自动挡载客汽车考试上车准备、起步、直线行驶、加减挡位操作、变更车道、靠边停车、直行通过路口、路口左转弯、路口右转弯、通过人行横道线、通过学校区域、通过公共汽车站、会车、超车、掉头、夜间行驶；其他准驾车型的考试内容，由省级公安机关交通管理部门确定。

大型客车、中型客车考试里程不少于20公里，其中白天考试里程不少于10公里，夜间考试里程不少于5公里。牵引车、城市公交车、大型货车考试里程不少于10公里，其中白天考试里程不少于5公里，夜间考试里程不少于3公里。小型汽车、小型自动挡汽车、低速载货汽车、残疾人专用小型自动挡载客汽车考试里程不少于3公里，在白天考试时，应当进行模拟夜间灯光考试。

对大型客车、牵引车、城市公交车、中型客车、大型货车，省级公安机关交通管理部门应当根据实际增加山区、隧道、陡坡等复杂道路驾驶考试内容。对其他汽车准驾车型，省级公安机关交通管理部门可以根据实际增加考试内容。

第三十二条 科目三安全文明驾驶常识考试内容包括：安全文明驾驶操作要求、恶劣气象和复杂道路条件下的安全驾驶知识、爆胎等紧急情况下的临危处置方法以及发生交通事故后的处置知识等。

第三十三条 持军队、武装警察部队机动车驾驶证的人申请大型客车、牵引车、城市公交车、中型客车、大型货车准驾车型机动车驾驶证的，应当考试科目一和科目三；申请其他准驾车型机动车驾驶证的，免予考试核发机动车驾驶证。

第三十四条 持境外机动车驾驶证申请机动车驾驶证的，应当考试科目一。申请准驾车型为大型客车、牵引车、城市公交车、中型客车、大型货车机动车驾驶证的，还应当考试科目三。

内地居民持有境外机动车驾驶证，取得该机动车驾驶证时在核发国家或者地区连续居留不足三个月的，应当考试科目一、科目二和科目三。

属于外国驻华使馆、领馆人员及国际组织驻华代表机构人员申请的，应当按照外交对等原则执行。

第三十五条　各科目考试的合格标准为：

（一）科目一考试满分为100分，成绩达到90分的为合格；

（二）科目二考试满分为100分，考试大型客车、牵引车、城市公交车、中型客车、大型货车准驾车型的，成绩达到90分的为合格，其他准驾车型的成绩达到80分的为合格；

（三）科目三道路驾驶技能和安全文明驾驶常识考试满分分别为100分，成绩分别达到90分的为合格。

第二节　考试要求

第三十六条　车辆管理所应当按照预约的考场和时间安排考试。申请人科目一考试合格后，可以预约科目二或者科目三道路驾驶技能考试。有条件的地方，申请人可以同时预约科目二、科目三道路驾驶技能考试，预约成功后可以连续进行考试。科目二、科目三道路驾驶技能考试均合格后，申请人可以当日参加科目三安全文明驾驶常识考试。

申请人预约科目二、科目三道路驾驶技能考试，车辆管理所在六十日内不能安排考试的，可以选择省（自治区、直辖市）内其他考场预约考试。

车辆管理所应当使用全国统一的考试预约系统，采用互联网、电话、服务窗口等方式供申请人预约考试。

第三十七条　初次申请机动车驾驶证或者申请增加准驾车型的，科目一考试合格后，车辆管理所应当在一日内核发学习驾驶证明（附件2）。

属于自学直考的，车辆管理所还应当按规定发放学车专用标识（附件3）。

第三十八条　申请人在场地和道路上学习驾驶，应当按规定取得学习驾驶证明。学习驾驶证明的有效期为三年，申请人应当在有效期内完成科目二和科目三考试。未在有效期内完成考试的，已考试合格的科目成绩作废。

学习驾驶证明可以采用纸质或者电子形式，纸质学习驾驶证明和电子学习驾驶证明具有同等效力。申请人可以通过互联网交通安全综合服务管理平台打印或者下载学习驾驶证明。

第三十九条　申请人在道路上学习驾驶，应当随身携带学习驾驶证明，使用教练车或者学车专用标识签注的自学用车，在教练员或者学车专用标识签注的指导人员随车指导下，按照公安机关交通管理部门指定的路线、时间进行。

申请人为自学直考人员的，在道路上学习驾驶时，应当在自学用车上按规定放置、粘贴学车专用标识，自学用车不得搭载随车指导人员以外的其他人员。

第四十条　初次申请机动车驾驶证或者申请增加准驾车型的，申请人预约考试科目二，应当符合下列规定：

（一）报考小型汽车、小型自动挡汽车、低速载货汽车、三轮汽车、残疾人专用小型自动挡载客汽车、轮式自行机械车、无轨电车、有轨电车准驾车型的，在取得学习驾驶证明满十日后预约考试；

（二）报考大型客车、牵引车、城市公交车、中型客车、大型货车准驾车型的，在取得学习驾驶证明满二十日后预约考试。

第四十一条　初次申请机动车驾驶证或者申请增加准驾车型的，申请人预约考试科目三，应当符合下列规定：

（一）报考低速载货汽车、三轮汽车、轮式自行机械车、无轨电车、有轨电车准驾车型的，在取得学习驾驶证明满二十日后预约考试；

（二）报考小型汽车、小型自动挡汽车、残疾人专用小型自动挡载客汽车准驾车型的，在取得学习驾驶证明满三十日后预约考试；

（三）报考大型客车、牵引车、城市公交车、中型客车、大型货车准驾车型的，在取得学习驾驶证明满四十日后预约考试。

第四十二条 持军队、武装警察部队或者境外机动车驾驶证申请机动车驾驶证的，应当自车辆管理所受理之日起三年内完成科目考试。

第四十三条 申请人因故不能按照预约时间参加考试的，应当提前一日申请取消预约。对申请人未按照预约考试时间参加考试的，判定该次考试不合格。

第四十四条 每个科目考试一次，考试不合格的，可以补考一次。不参加补考或者补考仍不合格的，本次考试终止，申请人应当重新预约考试，但科目二、科目三考试应当在十日后预约。科目三安全文明驾驶常识考试不合格的，已通过的道路驾驶技能考试成绩有效。

在学习驾驶证明有效期内，科目二和科目三道路驾驶技能考试预约考试的次数不得超过五次。第五次预约考试仍不合格的，已考试合格的其他科目成绩作废。

第四十五条 车辆管理所组织考试前应当使用全国统一的计算机系统当日随机选配考试员，随机安排考生分组，随机选取考试路线。

第四十六条 从事考试工作的人员，应当持有省级公安机关交通管理部门颁发的资格证书。公安机关交通管理部门应当在车辆管理所公安民警中选拔足够数量的专职考试员，可以在公安机关交通管理部门公安民警、文职人员中配置兼职考试员。可以聘用运输企业驾驶人、警风警纪监督员等人员承担考试辅助评判和监督职责。

考试员应当认真履行考试职责，严格按照规定考试，接受社会监督。在考试前应当自我介绍，讲解考试要求，核实申请人身份；考试中应当严格执行考试程序，按照考试项目和考试标准评定考试成绩；考试后应当当场公布考试成绩，讲评考试不合格原因。

每个科目的考试成绩单应当有申请人和考试员的签名。未签名的不得核发机动车驾驶证。

第四十七条 考试员、考试辅助和监管人员及考场工作人员应当严格遵守考试工作纪律，不得为不符合机动车驾驶许可条件、未经考试、考试不合格人员签注合格考试成绩，不得减少考试项目、降低评判标准或者参与、协助、纵容考试作弊，不得参与或者变相参与驾驶培训机构经营活动，不得收取驾驶培训机构、教练员、申请人的财物。

第四十八条 直辖市、设区的市或者相当于同级的公安机关交通管理部门应当根据本地考试需求建设考场，配备足够数量的考试车辆。对考场布局、数量不能满足本地考试需求的，应当采取政府购买服务等方式使用社会考场，并按照公平竞争、择优选定的原则，依法通过公开招标等程序确定。

考试场地建设、路段设置、车辆配备、设施设备配置以及考试项目、评判要求应当符合相关标准。考试场地、考试设备和考试系统应当经省级公安机关交通管理部门验收合格后方可使用。公安机关交通管理部门应当加强对辖区考场的监督管理，定期开展考试场地、考试车辆、考试设备和考场管理情况的监督检查。

第三节 考试监督管理

第四十九条 车辆管理所应当在办事大厅、候考场所和互联网公开各考场的考试能力、预约计划、预约人数和约考结果等情况，公布考场布局、考试路线和流程。考试预约计划应当至少在考试前十日在互联网上公开。

车辆管理所应当在候考场所、办事大厅向群众直播考试视频，考生可以在考试结束后三日内查询自己的考试视频资料。

第五十条 车辆管理所应当对考试过程进行全程录音、录像，并实时监控考试过程，没有使用录音、录像设备的，不得组织考试。严肃考试纪律，规范考场秩序，对考场秩序混乱的，应当中止考试。考试过程中，考试员应当使用执法记录仪记录监考过程。

车辆管理所应当建立音视频信息档案，存储录音、录像设备和执法记录仪记录的音像资料。建立考试质量抽查制度，每日抽查音视频信息档案，发现存在违反考试纪律、考场秩序混乱以及音视频信息缺失或者不完整的，应当进行调查处理。

省级公安机关交通管理部门应当定期抽查音视频信息档案，及时通报、纠正、查处发现的问题。

第五十一条 车辆管理所应当根据考试场地、考试设备、考试车辆、考试员数量等实际情况，核定每个考场、每个考试员每日最大考试量。

车辆管理所应当对驾驶培训机构教练员、教练车、训练场地等情况进行备案。

第五十二条 车辆管理所应当每周通过计算机系统对机动车驾驶人考试和机动车驾驶证业务办理情况进行监控、分析。省级公安机关交通管理部门应当建立全省（自治区、直辖市）机动车驾驶人考试监管系统，每月对机动车驾驶人考试、机动车驾驶证业务办理情况进行监控、分析，及时查处、通报发现的问题。

车辆管理所存在为未经考试或者考试不合格人员核发机动车驾驶证等严重违规办理机动车驾驶证业务情形的，上级公安机关交通管理部门可以暂停该车辆管理所办理相关业务或者指派其他车辆管理所人员接管业务。

第五十三条 直辖市、设区的市或者相当于同级的公安机关交通管理部门应当每月向社会公布车辆管理所考试员考试质量情况、三年内驾龄驾驶人交通违法率和交通肇事率等信息。

直辖市、设区的市或者相当于同级的公安机关交通管理部门应当每月向社会公布辖区内驾驶培训机构的考试合格率、三年内驾龄驾驶人交通违法率和交通肇事率等信息，按照考试合格率对驾驶培训机构培训质量公开排名，并通报培训主管部门。

第五十四条 对三年内驾龄驾驶人发生一次死亡3人以上交通事故且负主要以上责任的，省级公安机关交通管理部门应当倒查车辆管理所考试、发证情况，向社会公布倒查结果。对三年内驾龄驾驶人发生一次死亡1至2人的交通事故且负主要以上责任的，直辖市、设区的市或者相当于同级的公安机关交通管理部门应当组织责任倒查。

直辖市、设区的市或者相当于同级的公安机关交通管理部门发现驾驶培训机构及其教练员存在缩短培训学时、减少培训项目以及贿赂考试员、以承诺考试合格等名义向学员索取财物、参与违规办理驾驶证或者考试舞弊行为的，应当通报培训主管部门，并向社会公布。

公安机关交通管理部门发现考场、考试设备生产销售企业存在组织或者参与考试舞弊、伪造或者篡改考试系统数据的，不得继续使用该考场或者采购该企业考试设备；构成犯罪的，依法追究刑事责任。

第四章　发证、换证、补证

第五十五条 申请人考试合格后，应当接受不少于半小时的交通安全文明驾驶常识和交通事故案例警示教育，并参加领证宣誓仪式。

车辆管理所应当在申请人参加领证宣誓仪式的当日核发机动车驾驶证。属于申请增加准驾车型的，应当收回原机动车驾驶证。属于复员、转业、退伍的，应当收回军队、武装警察部队机动车驾驶证。

第五十六条 机动车驾驶人在机动车驾驶证的六年有效期内，每个记分周期均未记满12分的，换发十年有效期的机动车驾驶证；在机动车驾驶证的十年有效期内，每个记分周期均未记满12分的，换发长期有效的机动车驾驶证。

第五十七条 机动车驾驶人应当于机动车驾驶证有效期满前九十日内，向机动车驾驶证核发地或者核发地以外的车辆管理所申请换证。申请时应当填写申请表，并提交以下证明、凭证：

（一）机动车驾驶人的身份证明；

（二）机动车驾驶证；

（三）县级或者部队团级以上医疗机构出具的有关身体条件的证明。属于申请残疾人专用小型自动挡载客汽车的，应当提交经省级卫生主管部门指定的专门医疗机构出具的有关身体条件的证明。

第五十八条 机动车驾驶人户籍迁出原车辆管理所管辖区的，应当向迁入地车辆管理所申请换证。机动车驾驶人在核发地车辆管理所管辖区以外居住的，可以向居住地车辆管理所申请换证。申请时应当填写申请表，提交机动车驾驶人的身份证明和机动车驾驶证，并申报身体条件情况。

第五十九条 年龄在60周岁以上的，不得驾驶大型客车、牵引车、城市公交车、中型客车、大型货车、无轨电车和有轨电车；持有大型客车、牵引车、城市公交车、中型客车、大型货车驾驶证的,应当到机动车驾驶证核发地或者核发地以外的车辆管理所换领准驾车型为小型汽车或者小型自动挡汽车的机动车驾驶证。

年龄在70周岁以上的,不得驾驶低速载货汽车、三轮汽车、普通三轮摩托车、普通二轮摩托车和轮式自行机械车;持有普通三轮摩托车、普通二轮摩托车驾驶证的,应当到机动车驾驶证核发地或者核发地以外的车辆管理所换领准驾车型为轻便摩托车的机动车驾驶证。

申请时应当填写申请表,并提交第五十七条规定的证明、凭证。

机动车驾驶人自愿降低准驾车型的,应当填写申请表,并提交机动车驾驶人的身份证明和机动车驾驶证。

第六十条 具有下列情形之一的,机动车驾驶人应当在三十日内到机动车驾驶证核发地或者核发地以外的车辆管理所申请换证:

(一)在车辆管理所管辖区域内,机动车驾驶证记载的机动车驾驶人信息发生变化的;

(二)机动车驾驶证损毁无法辨认的。

申请时应当填写申请表,并提交机动车驾驶人的身份证明和机动车驾驶证。

第六十一条 机动车驾驶人身体条件发生变化,不符合所持机动车驾驶证准驾车型的条件,但符合准予驾驶的其他准驾车型条件的,应当在三十日内到机动车驾驶证核发地或者核发地以外的车辆管理所申请降低准驾车型。申请时应当填写申请表,并提交机动车驾驶人的身份证明、机动车驾驶证、县级或者部队团级以上医疗机构出具的有关身体条件的证明。

机动车驾驶人身体条件发生变化,不符合第十二条第二项规定或者具有第十三条规定情形之一,不适合驾驶机动车的,应当在三十日内到机动车驾驶证核发地车辆管理所申请注销。申请时应当填写申请表，并提交机动车驾驶人的身份证明和机动车驾驶证。

机动车驾驶人身体条件不适合驾驶机动车的，不得驾驶机动车。

第六十二条 车辆管理所对符合第五十七条至第六十条、第六十一条第一款规定的，应当在一日内换发机动车驾驶证。对符合第六十一条第二款规定的，应当在一日内注销机动车驾驶证。其中，对符合第五十八条至第六十一条规定的，还应当收回原机动车驾驶证。

第六十三条 机动车驾驶证遗失的，机动车驾驶人应当向机动车驾驶证核发地或者核发地以外的车辆管理所申请补发。申请时应当填写申请表，并提交以下证明、凭证：

（一）机动车驾驶人的身份证明；

（二）机动车驾驶证遗失的书面声明。

符合规定的，车辆管理所应当在一日内补发机动车驾驶证。

机动车驾驶人补领机动车驾驶证后，原机动车驾驶证作废，不得继续使用。

机动车驾驶证被依法扣押、扣留或者暂扣期间，机动车驾驶人不得申请补发。

第六十四条 机动车驾驶人向核发地以外的车辆管理所申请办理第五十七条、第五十九条、第六十条、第六十一条第一款、第六十三条规定的换证、补证业务时，应当同时按照第五十八条规定办理。

第五章 机动车驾驶人管理

第一节 记 分

第六十五条 道路交通安全违法行为累积记分周期（即记分周期）为12个月，满分为12分，从机动车驾驶证初次领取之日起计算。

依据道路交通安全违法行为的严重程度,一次记分的分值为:12分、6分、3分、2分、1分五种(附件4)。

第六十六条 对机动车驾驶人的道路交通安全违法行为,处罚与记分同时执行。

机动车驾驶人一次有两个以上违法行为记分的,应当分别计算,累加分值。

第六十七条 机动车驾驶人对道路交通安全违法行为处罚不服,申请行政复议或者提起行政诉讼后,经依法裁决变更或者撤销原处罚决定的,相应记分分值予以变更或者撤销。

第六十八条 机动车驾驶人在一个记分周期内累积记分达到12分的,公安机关交通管理部门应当扣留其机动车驾驶证。

机动车驾驶人应当在十五日内到机动车驾驶证核发地或者违法行为地公安机关交通管理部门参加为期七日的道路交通安全法律、法规和相关知识学习。机动车驾驶人参加学习后,车辆管理所应当在二十日内对其进行道路交通安全法律、法规和相关知识考试。考试合格的,记分予以清除,发还机动车驾驶证;考试不合格的,继续参加学习和考试。拒不参加学习,也不接受考试的,由公安机关交通管理部门公告其机动车驾驶证停止使用。

机动车驾驶人在一个记分周期内有两次以上达到12分或者累积记分达到24分以上的,车辆管理所还应当在道路交通安全法律、法规和相关知识考试合格后十日内对其进行道路驾驶技能考试。接受道路驾驶技能考试的,按照本人机动车驾驶证载明的最高准驾车型考试。

第六十九条 机动车驾驶人在一个记分周期内记分未达到12分,所处罚款已经缴纳的,记分予以清除;记分虽未达到12分,但尚有罚款未缴纳的,记分转入下一记分周期。

第二节 审 验

第七十条 机动车驾驶人应当按照法律、行政法规的规定,定期到公安机关交通管理部门接受审验。

机动车驾驶人按照本规定第五十七条、第五十八条换领机动车驾驶证时,应当接受公安机关交通管理部门的审验。

持有大型客车、牵引车、城市公交车、中型客车、大型货车驾驶证的驾驶人,应当在每个记分周期结束后三十日内到公安机关交通管理部门接受审验。但在一个记分周期内没有记分记录的,免予本记分周期审验。

持有本条第三款规定以外准驾车型驾驶证的驾驶人,发生交通事故造成人员死亡承担同等以上责任未被吊销机动车驾驶证的,应当在本记分周期结束后三十日内到公安机关交通管理部门接受审验。

机动车驾驶人可以在机动车驾驶证核发地或者核发地以外的地方参加审验、提交身体条件证明。

第七十一条 机动车驾驶证审验内容包括:

(一)道路交通安全违法行为、交通事故处理情况;

(二)身体条件情况;

(三)道路交通安全违法行为记分及记满 12 分后参加学习和考试情况。

持有大型客车、牵引车、城市公交车、中型客车、大型货车驾驶证一个记分周期内有记分的,以及持有其他准驾车型驾驶证发生交通事故造成人员死亡承担同等以上责任未被吊销机动车驾驶证的驾驶人,审验时应当参加不少于三小时的道路交通安全法律法规、交通安全文明驾驶、应急处置等知识学习,并接受交通事故案例警示教育。

对交通违法行为或者交通事故未处理完毕的、身体条件不符合驾驶许可条件的、未按照规定参加学习、教育和考试的，不予通过审验。

第七十二条 年龄在70周岁以上的机动车驾驶人，应当每年进行一次身体检查，在记分周期结束后三十日内，提交县级或者部队团级以上医疗机构出具的有关身体条件的证明。

持有残疾人专用小型自动挡载客汽车驾驶证的机动车驾驶人，应当每三年进行一次身体检查，在记分周期结束后三十日内，提交经省级卫生主管部门指定的专门医疗机构出具的有关身体条件的证明。

机动车驾驶人按照本规定第七十条第三款、第四款规定参加审验时，应当申报身体条件情况。

第七十三条 机动车驾驶人因服兵役、出国（境）等原因，无法在规定时间内办理驾驶证期满换证、审验、提交身体条件证明的，可以向机动车驾驶证核发地车辆管理所申请延期办理。申请时应当填写申请表，并提交机动车驾驶人的身份证明、机动车驾驶证和延期事由证明。

延期期限最长不超过三年。延期期间机动车驾驶人不得驾驶机动车。

第三节 监督管理

第七十四条 机动车驾驶人初次申请机动车驾驶证和增加准驾车型后的12个月为实习期。

新取得大型客车、牵引车、城市公交车、中型客车、大型货车驾驶证的，实习期结束后三十日内应当参加道路交通安全法律法规、交通安全文明驾驶、应急处置等知识考试，并接受不少于半小时的交通事故案例警示教育。

在实习期内驾驶机动车的,应当在车身后部粘贴或者悬挂统一式样的实习标志(附件5)。

第七十五条 机动车驾驶人在实习期内不得驾驶公共汽车、营运客车或者执行任务的警车、消防车、救护车、工程救险车以及载有爆炸物品、易燃易爆化学物品、剧毒或者放射性等危险物品的机动车;驾驶的机动车不得牵引挂车。

驾驶人在实习期内驾驶机动车上高速公路行驶,应当由持相应或者更高准驾车型驾驶证三年以上的驾驶人陪同。其中,驾驶残疾人专用小型自动挡载客汽车的,可以由持有小型自动挡载客汽车以上准驾车型驾驶证的驾驶人陪同。

在增加准驾车型后的实习期内,驾驶原准驾车型的机动车时不受上述限制。

第七十六条 持有准驾车型为残疾人专用小型自动挡载客汽车的机动车驾驶人驾驶机动车时,应当按规定在车身设置残疾人机动车专用标志(附件6)。

有听力障碍的机动车驾驶人驾驶机动车时,应当佩戴助听设备。

第七十七条 机动车驾驶人具有下列情形之一的,车辆管理所应当注销其机动车驾驶证:

(一)死亡的;

(二)提出注销申请的;

(三)丧失民事行为能力,监护人提出注销申请的;

(四)身体条件不适合驾驶机动车的;

(五)有器质性心脏病、癫痫病、美尼尔氏症、眩晕症、癔病、震颤麻痹、精神病、痴呆以及影响肢体活动的神经系统疾病等妨碍安全驾驶疾病的;

(六)被查获有吸食、注射毒品后驾驶机动车行为,正在执行社区戒毒、强制隔离戒毒、社区康复措施，或者长期服用依赖性精神药品成瘾尚未戒除的；

（七）超过机动车驾驶证有效期一年以上未换证的；

（八）年龄在70周岁以上，在一个记分周期结束后一年内未提交身体条件证明的；或者持有残疾人专用小型自动挡载客汽车准驾车型，在三个记分周期结束后一年内未提交身体条件证明的；

（九）年龄在60周岁以上，所持机动车驾驶证只具有无轨电车或者有轨电车准驾车型，或者年龄在70周岁以上，所持机动车驾驶证只具有低速载货汽车、三轮汽车、轮式自行机械车准驾车型的；

（十）机动车驾驶证依法被吊销或者驾驶许可依法被撤销的。

有第一款第二项至第十项情形之一，未收回机动车驾驶证的，应当公告机动车驾驶证作废。

有第一款第七项情形被注销机动车驾驶证未超过二年的，机动车驾驶人参加道路交通安全法律、法规和相关知识考试合格后，可以恢复驾驶资格。

有第一款第八项情形被注销机动车驾驶证，机动车驾驶证在有效期内或者超过有效期不满一年的，机动车驾驶人提交身体条件证明后，可以恢复驾驶资格。

有第一款第二项至第八项情形之一，按照第二十四条规定申请机动车驾驶证，有道路交通安全违法行为或者交通事故未处理记录的，应当将道路交通安全违法行为、交通事故处理完毕。

第七十八条 持有大型客车、牵引车、城市公交车、中型客车、大型货车驾驶证的驾驶人有下列情形之一的，车辆管理所应当注销其最高准驾车型驾驶资格，并通知机动车驾驶人在三十日内办理降级换证业务：

（一）发生交通事故造成人员死亡，承担同等以上责任，未构成犯罪的；

（二）在一个记分周期内有记满12分记录的；

（三）连续三个记分周期不参加审验的。

机动车驾驶人在规定时间内未办理降级换证业务的，车辆管理所应当公告注销的准驾车型驾驶资格作废。

机动车驾驶人办理降级换证业务后，申请增加被注销的准驾车型的，应当在本记分周期和申请前最近一个记分周期没有记满12分记录，且没有发生造成人员死亡承担同等以上责任的交通事故。

第七十九条　机动车驾驶人在实习期内发生道路交通安全违法行为被记满12分的，注销其实习的准驾车型驾驶资格。被注销的驾驶资格不属于最高准驾车型的，还应当按照第七十八条第一款规定，注销其最高准驾车型驾驶资格。

持有大型客车、牵引车、城市公交车、中型客车、大型货车驾驶证的驾驶人在一年实习期内记6分以上但未达到12分的，实习期限延长一年。在延长的实习期内再次记6分以上但未达到12分的，注销其实习的准驾车型驾驶资格。

第八十条　机动车驾驶人联系电话、联系地址等信息发生变化，以及持有大型客车、牵引车、城市公交车、中型客车、大型货车驾驶证的驾驶人从业单位等信息发生变化的，应当在信息变更后三十日内，向驾驶证核发地车辆管理所备案。

第八十一条　道路运输企业应当定期将聘用的机动车驾驶人向所在地公安机关交通管理部门备案，督促及时处理道路交通安全违法行为、交通事故和参加机动车驾驶证审验。

公安机关交通管理部门应当每月向辖区内交通运输主管部门、

运输企业通报机动车驾驶人的道路交通违法行为、记分和交通事故等情况。

第四节 校车驾驶人管理

第八十二条 校车驾驶人应当依法取得校车驾驶资格。

取得校车驾驶资格应当符合下列条件：

（一）取得相应准驾车型驾驶证并具有三年以上驾驶经历，年龄在25周岁以上、不超过60周岁；

（二）最近连续三个记分周期内没有被记满12分记录；

（三）无致人死亡或者重伤的交通事故责任记录；

（四）无酒后驾驶或者醉酒驾驶机动车记录，最近一年内无驾驶客运车辆超员、超速等严重交通违法行为记录；

（五）无犯罪记录；

（六）身心健康，无传染性疾病，无癫痫病、精神病等可能危及行车安全的疾病病史，无酗酒、吸毒行为记录。

第八十三条 机动车驾驶人申请取得校车驾驶资格，应当向县级或者设区的市级公安机关交通管理部门提出申请，填写申请表，并提交以下证明、凭证：

（一）申请人的身份证明；

（二）机动车驾驶证；

（三）县级或者部队团级以上医疗机构出具的有关身体条件的证明。

第八十四条 公安机关交通管理部门自受理申请之日起五日内审查提交的证明、凭证，并向所在地县级公安机关核查，确认申请人无犯罪、吸毒行为记录。对符合条件的，在机动车驾驶证上签注准许驾驶校车及相应车型，并通报教育行政部门；不符合条件的，应当书面说明理由。

第八十五条 校车驾驶人应当在每个记分周期结束后三十日内到公安机关交通管理部门接受审验。审验时，应当提交县级或者部队团级以上医疗机构出具的有关身体条件的证明，参加不少于三小时的道路交通安全法律法规、交通安全文明驾驶、应急处置等知识学习，并接受交通事故案例警示教育。

第八十六条 公安机关交通管理部门应当与教育行政部门和学校建立校车驾驶人的信息交换机制，每月通报校车驾驶人的交通违法、交通事故和审验等情况。

第八十七条 校车驾驶人具有下列情形之一的，公安机关交通管理部门应当注销其校车驾驶资格，通知机动车驾驶人换领机动车驾驶证，并通报教育行政部门和学校：

（一）提出注销申请的；

（二）年龄超过60周岁的；

（三）在致人死亡或者重伤的交通事故负有责任的；

（四）有酒后驾驶或者醉酒驾驶机动车，以及驾驶客运车辆超员、超速等严重交通违法行为的；

（五）有记满12分或者犯罪记录的；

（六）有传染性疾病、癫痫病、精神病等可能危及行车安全的疾病，有酗酒、吸毒行为记录的。

未收回签注校车驾驶许可的机动车驾驶证的，应当公告其校车驾驶资格作废。

第六章　法律责任

第八十八条 隐瞒有关情况或者提供虚假材料申领机动车驾驶证的，申请人在一年内不得再次申领机动车驾驶证。

申请人在考试过程中有贿赂、舞弊行为的，取消考试资格，已经通过考试的其他科目成绩无效；申请人在一年内不得再次申领机动车驾驶证。

申请人以欺骗、贿赂等不正当手段取得机动车驾驶证的，公安机关交通管理部门收缴机动车驾驶证，撤销机动车驾驶许可；申请人在三年内不得再次申领机动车驾驶证。

第八十九条　申请人在教练员或者学车专用标识签注的指导人员随车指导下，使用符合规定的机动车学习驾驶中有道路交通安全违法行为或者发生交通事故的，按照《道路交通安全法实施条例》第二十条规定，由教练员或者随车指导人员承担责任。

第九十条　申请人在道路上学习驾驶时，未按照第三十九条规定随身携带学习驾驶证明，由公安机关交通管理部门处二十元以上二百元以下罚款。

第九十一条　申请人在道路上学习驾驶时，有下列情形之一的，由公安机关交通管理部门对教练员或者随车指导人员处二十元以上二百元以下罚款：

（一）未按照公安机关交通管理部门指定的路线、时间进行的；

（二）未按照第三十九条规定放置、粘贴学车专用标识的。

第九十二条　申请人在道路上学习驾驶时，有下列情形之一的，由公安机关交通管理部门对教练员或者随车指导人员处二百元以上五百元以下罚款：

（一）未使用符合规定的机动车的；

（二）自学用车搭载随车指导人员以外的其他人员的。

第九十三条　申请人在道路上学习驾驶时，有下列情形之一的，由公安机关交通管理部门按照《道路交通安全法》第九十九条第一款第一项规定予以处罚：

（一）未取得学习驾驶证明的；

（二）学习驾驶证明超过有效期的；

（三）没有教练员或者随车指导人员的；

（四）由不符合规定的人员随车指导的。

将机动车交由有前款规定情形之一的申请人驾驶的，由公安机关交通管理部门按照《道路交通安全法》第九十九条第一款第二项规定予以处罚。

第九十四条　机动车驾驶人有下列行为之一的，由公安机关交通管理部门处二十元以上二百元以下罚款：

（一）机动车驾驶人补领机动车驾驶证后，继续使用原机动车驾驶证的；

（二）在实习期内驾驶机动车不符合第七十五条规定的；

（三）驾驶机动车未按规定粘贴、悬挂实习标志或者残疾人机动车专用标志的；

（四）持有大型客车、牵引车、城市公交车、中型客车、大型货车驾驶证的驾驶人，未按照第八十条规定申报变更信息的；

有第一款第一项规定情形的，由公安机关交通管理部门收回原机动车驾驶证。

第九十五条　机动车驾驶人有下列行为之一的，由公安机关交通管理部门处二百元以上五百元以下罚款：

（一）机动车驾驶证被依法扣押、扣留或者暂扣期间，采用隐瞒、欺骗手段补领机动车驾驶证的；

（二）机动车驾驶人身体条件发生变化不适合驾驶机动车，仍驾驶机动车的；

（三）逾期不参加审验仍驾驶机动车的。

有第一款第一项、第二项规定情形之一的，由公安机关交通管理部门收回机动车驾驶证。

第九十六条　伪造、变造或者使用伪造、变造的机动车驾驶证的，由公安机关交通管理部门予以收缴，依法拘留，并处二千元以上五千元以下罚款；构成犯罪的，依法追究刑事责任。

第九十七条　交通警察有下列情形之一的，按照有关规定给予纪律处分；聘用人员有下列情形之一的予以解聘。构成犯罪的，依法追究刑事责任：

（一）为不符合机动车驾驶许可条件、未经考试、考试不合格人员签注合格考试成绩或者核发机动车驾驶证的；

（二）减少考试项目、降低评判标准或者参与、协助、纵容考试作弊的；

（三）为不符合规定的申请人发放学习驾驶证明、学车专用标识的；

（四）与非法中介串通谋取经济利益的；

（五）违反规定侵入机动车驾驶证管理系统，泄漏、篡改、买卖系统数据，或者泄漏系统密码的；

（六）参与或者变相参与驾驶培训机构经营活动的；

（七）收取驾驶培训机构、教练员、申请人或者其他相关人员财物的。

交通警察未按照第五十条第一款规定使用执法记录仪的，根据情节轻重，按照有关规定给予纪律处分。

公安机关交通管理部门有本条第一款所列行为之一的，按照国家有关规定对直接负责的主管人员和其他直接责任人员给予相应的处分。

第七章　附　则

第九十八条　国家之间对机动车驾驶证有互相认可协议的，

按照协议办理。

国家之间签订有关协定涉及机动车驾驶证的,按照协定执行。

第九十九条 机动车驾驶人可以委托代理人代理换证、补证、提交身体条件证明、延期办理和注销业务。代理人申请机动车驾驶证业务时,应当提交代理人的身份证明和机动车驾驶人与代理人共同签字的申请表或者身体条件证明。

第一百条 机动车驾驶证和学习驾驶证明的式样、规格按照中华人民共和国公共安全行业标准《中华人民共和国机动车驾驶证件》执行。

第一百零一条 身体条件证明自出具之日起6个月内有效。

第一百零二条 拖拉机驾驶证的申领和使用另行规定。拖拉机驾驶证式样、规格应当符合中华人民共和国公共安全行业标准《中华人民共和国机动车驾驶证件》的规定。

第一百零三条 本规定下列用语的含义:

(一)身份证明是指:

1. 居民的身份证明,是《居民身份证》或者《临时居民身份证》。在户籍地以外居住的内地居民,按照第十九条、第二十一条、第二十二条、第八十三条规定提交的身份证明,是《居民身份证》或者《临时居民身份证》,以及公安机关核发的居住证明;

2. 现役军人(含武警)的身份证明,是《居民身份证》或者《临时居民身份证》。在未办理《居民身份证》前,是军队有关部门核发的《军官证》、《文职干部证》、《士兵证》、《离休证》、《退休证》等有效军人身份证件,以及其所在的团级以上单位出具的本人住所证明;

3. 香港、澳门特别行政区居民的身份证明,是其入境时所持有的《港澳居民来往内地通行证》或者外交部核发的《中华人民共和国旅行证》，香港、澳门特别行政区《居民身份证》和公安机关核发的住宿登记证明；

4. 台湾地区居民的身份证明，是其所持有的公安机关核发的五年有效的《台湾居民来往大陆通行证》或者外交部核发的《中华人民共和国旅行证》和公安机关核发的住宿登记证明；

5. 华侨的身份证明，是《中华人民共和国护照》和公安机关核发的住宿登记证明；

6. 外国人的身份证明，是其入境时所持有的护照或者其他旅行证件、居（停）留期为三个月以上的有效签证或者停留、居留证件，以及公安机关核发的住宿登记证明；

7. 外国驻华使馆、领馆人员、国际组织驻华代表机构人员的身份证明，是外交部核发的有效身份证件。

（二）住址是指：

1. 居民的住址，是《居民身份证》或者《临时居民身份证》记载的住址；

2. 现役军人（含武警）的住址，是《居民身份证》或者《临时居民身份证》记载的住址。在未办理《居民身份证》前，是其所在的团级以上单位出具的本人住所证明记载的住址；

3. 境外人员的住址，是公安机关核发的住宿登记证明记载的地址；

4. 外国驻华使馆、领馆人员及国际组织驻华代表机构人员的住址，是外交部核发的有效身份证件记载的地址。

（三）境外机动车驾驶证是指外国、香港、澳门特别行政区、台湾地区核发的具有单独驾驶资格的机动车驾驶证。

第一百零四条 本规定所称"以上"、"以下"均包含本数在内。

本规定所称"一日"、"五日"、"七日"、"十日"、"十五日",是指工作日,不包括节假日。

第一百零五条 本规定自2013年1月1日起施行,第五章第四节自发布之日起施行。2006年12月20日发布的《机动车驾驶证申领和使用规定》(公安部令第91号)和2009年12月7日发布的《公安部关于修改〈机动车驾驶证申领和使用规定〉的决定》(公安部令第111号)同时废止。本规定生效后,公安部以前制定的规定与本规定不一致的,以本规定为准。

附件:1、准驾车型及代号(略)
2、学习驾驶证明式样(略)
3、学车专用标识式样(略)
4、道路交通安全违法行为记分分值(略)
5、实习标志式样(略)
6、残疾人机动车专用标志(略)

附　录

出租汽车驾驶员从业资格管理规定

中华人民共和国交通运输部令

2011 年第 13 号

《出租汽车驾驶员从业资格管理规定》已于 2011 年 12 月 8 日经第 12 次部务会议通过，现予公布，自 2012 年 4 月 1 日起施行。

交通运输部部长
二〇一一年十二月二十六日

（2011 年 12 月 26 日交通运输部发布；根据 2016 年 8 月 26 日《交通运输部关于修改〈出租汽车驾驶员从业资格管理规定〉的决定》修正）

第一章　总　则

第一条　为了规范出租汽车驾驶员从业行为，提升出租汽车客运服务水平，根据国家有关规定，制定本规定。

第二条　出租汽车驾驶员的从业资格管理适用本规定。

第三条　国家对从事出租汽车客运服务的驾驶员实行从业资

格制度。

出租汽车驾驶员从业资格包括巡游出租汽车驾驶员从业资格和网络预约出租汽车驾驶员从业资格等。

第四条 出租汽车驾驶员从业资格管理工作应当公平、公正、公开和便民。

第五条 出租汽车驾驶员应当依法经营、诚实守信、文明服务、保障安全。

第六条 交通运输部负责指导全国出租汽车驾驶员从业资格管理工作。

各省、自治区人民政府交通运输主管部门在本级人民政府领导下，负责指导本行政区域内出租汽车驾驶员从业资格管理工作。

直辖市、设区的市级或者县级交通运输主管部门或者人民政府指定的其他出租汽车行政主管部门（以下称出租汽车行政主管部门）在本级人民政府领导下，负责具体实施出租汽车驾驶员从业资格管理。

第二章 考 试

第七条 出租汽车驾驶员从业资格考试包括全国公共科目和区域科目考试。

全国公共科目考试是对国家出租汽车法律法规、职业道德、服务规范、安全运营等具有普遍规范要求的知识测试。

巡游出租汽车驾驶员从业资格区域科目考试是对地方出租汽车政策法规、经营区域人文地理和交通路线等具有区域服务特征的知识测试。

网络预约出租汽车驾驶员从业资格区域科目考试是对地方出租汽车政策法规等具有区域规范要求的知识测试。设区的市级以上地方人民政府出租汽车行政主管部门可以根据区域服务特征自行确定其他考试内容。

第八条 全国公共科目考试实行全国统一考试大纲。全国公共科目考试大纲、考试题库由交通运输部负责编制。

区域科目考试大纲和考试题库由设区的市级以上地方人民政府出租汽车行政主管部门负责编制。

出租汽车驾驶员从业资格考试由设区的市级以上地方人民政府出租汽车行政主管部门按照交通运输部编制的考试工作规范和程序组织实施。鼓励推广使用信息化方式和手段组织实施出租汽车驾驶员从业资格考试。

第九条 拟从事出租汽车客运服务的，应当填写《出租汽车驾驶员从业资格证申请表》（式样见附件1），向所在地设区的市级出租汽车行政主管部门申请参加出租汽车驾驶员从业资格考试。

第十条 申请参加出租汽车驾驶员从业资格考试的，应当符合下列条件：

（一）取得相应准驾车型机动车驾驶证并具有3年以上驾驶经历；

（二）无交通肇事犯罪、危险驾驶犯罪记录，无吸毒记录，无饮酒后驾驶记录，最近连续3个记分周期内没有记满12分记录；

（三）无暴力犯罪记录；

（四）城市人民政府规定的其他条件。

第十一条 申请参加出租汽车驾驶员从业资格考试的，应当提供符合第十条规定的证明或者承诺材料：

（一）机动车驾驶证及复印件；

（二）无交通肇事犯罪、危险驾驶犯罪记录，无吸毒记录，无饮酒后驾驶记录，最近连续3个记分周期内没有记满12分记录的材料；

（三）无暴力犯罪记录的材料；

（四）身份证明及复印件；

（五）城市人民政府规定的其他材料。

第十二条 设区的市级出租汽车行政主管部门对符合申请条件的申请人，应当按照出租汽车驾驶员从业资格考试工作规范及时安排考试。

首次参加出租汽车驾驶员从业资格考试的申请人，全国公共科目和区域科目考试应当在首次申请考试的区域完成。

第十三条 设区的市级出租汽车行政主管部门应当在考试结束10日内公布考试成绩。考试合格成绩有效期为3年。

全国公共科目考试成绩在全国范围内有效，区域科目考试成绩在所在地行政区域内有效。

第十四条 出租汽车驾驶员从业资格考试全国公共科目和区域科目考试均合格的，设区的市级出租汽车行政主管部门应当自公布考试成绩之日起10日内向巡游出租汽车驾驶员核发《巡游出租汽车驾驶员证》、向网络预约出租汽车驾驶员核发《网络预约出租汽车驾驶员证》（《巡游出租汽车驾驶员证》和《网络预约出租汽车驾驶员证》以下统称从业资格证）。

从业资格证式样参照《中华人民共和国道路运输从业人员从业资格证》式样。

鼓励推广使用从业资格电子证件。采用电子证件的，应当包含证件式样所确定的相关信息。

第十五条 出租汽车驾驶员到从业资格证发证机关核定的范围外从事出租汽车客运服务的，应当参加当地的区域科目考试。区域科目考试合格的，由当地设区的市级出租汽车行政主管部门核发从业资格证。

第三章 注 册

第十六条 取得从业资格证的出租汽车驾驶员，应当经出租汽车行政主管部门从业资格注册后，方可从事出租汽车客运服务。

出租汽车驾驶员从业资格注册有效期为3年。

第十七条 出租汽车经营者应当聘用取得从业资格证的出租汽车驾驶员，并在出租汽车驾驶员办理从业资格注册后再安排上岗。

第十八条 巡游出租汽车驾驶员申请从业资格注册或者延续注册的，应当填写《巡游出租汽车驾驶员从业资格注册登记表》（式样见附件2），持其从业资格证及与出租汽车经营者签订的劳动合同或者经营合同，到发证机关所在地出租汽车行政主管部门申请注册。

个体巡游出租汽车经营者自己驾驶出租汽车从事经营活动的，持其从业资格证及车辆运营证申请注册。

第十九条 受理注册申请的出租汽车行政主管部门应当在5日内办理完结注册手续，并在从业资格证中加盖注册章。

第二十条 巡游出租汽车驾驶员注册有效期届满需继续从事出租汽车客运服务的，应当在有效期届满30日前，向所在地出租汽车行政主管部门申请延续注册。

第二十一条 出租汽车驾驶员不具有完全民事行为能力，或者受到刑事处罚且刑事处罚尚未执行完毕的，不予延续注册。

第二十二条 巡游出租汽车驾驶员在从业资格注册有效期内，与出租汽车经营者解除劳动合同或者经营合同的，应当在20日内向原注册机构报告，并申请注销注册。

巡游出租汽车驾驶员变更服务单位的，应当重新申请注册。

第二十三条 网络预约出租汽车驾驶员的注册，通过出租汽车经营者向发证机关所在地出租汽车行政主管部门报备完成，报备信息包括驾驶员从业资格证信息、与出租汽车经营者签订的劳动合同或者协议等。

网络预约出租汽车驾驶员与出租汽车经营者解除劳动合同或者协议的，通过出租汽车经营者向发证机关所在地出租汽车行政主管部门报备完成注销。

第四章　继续教育

第二十四条　出租汽车驾驶员在注册期内应当按规定完成继续教育。

取得从业资格证超过 3 年未申请注册的，注册后上岗前应当完成不少于 27 学时的继续教育。

第二十五条　交通运输部统一制定出租汽车驾驶员继续教育大纲并向社会公布。继续教育大纲内容包括出租汽车相关政策法规、社会责任和职业道德、服务规范、安全运营和节能减排知识等。

第二十六条　出租汽车驾驶员继续教育由出租汽车经营者组织实施。

第二十七条　出租汽车驾驶员完成继续教育后，应当由出租汽车经营者向所在地出租汽车行政主管部门报备，出租汽车行政主管部门在出租汽车驾驶员从业资格证中予以记录。

第二十八条　出租汽车行政主管部门应当加强对出租汽车经营者组织继续教育情况的监督检查。

第二十九条　出租汽车经营者应当建立学员培训档案，将继续教育计划、继续教育师资情况、参培学员登记表等纳入档案管理，并接受出租汽车行政主管部门的监督检查。

第五章　从业资格证件管理

第三十条　出租汽车驾驶员从业资格证由交通运输部统一制发并制定编号规则。设区的市级出租汽车行政主管部门负责从业资格证的发放和管理工作。

第三十一条　出租汽车驾驶员从业资格证遗失、毁损的，应当到原发证机关办理证件补（换）发手续。

第三十二条　出租汽车驾驶员办理从业资格证补（换）发手续，应当填写《出租汽车驾驶员从业资格证补（换）发登记表》（式样见附件3）。出租汽车行政主管部门应当对符合要求的从业资格证补（换）发申请予以办理。

第三十三条　出租汽车驾驶员在从事出租汽车客运服务时，应当携带从业资格证。

第三十四条　出租汽车驾驶员从业资格证不得转借、出租、涂改、伪造或者变造。

第三十五条　出租汽车经营者应当维护出租汽车驾驶员的合法权益，为出租汽车驾驶员从业资格注册、继续教育等提供便利。

第三十六条　出租汽车行政主管部门应当加强对出租汽车驾驶员的从业管理，将其违法行为记录作为服务质量信誉考核的依据。

第三十七条　出租汽车行政主管部门应当建立出租汽车驾驶员从业资格管理档案。

出租汽车驾驶员从业资格管理档案包括：从业资格考试申请材料、从业资格证申请、注册及补（换）发记录、违法行为记录、交通责任事故情况、继续教育记录和服务质量信誉考核结果等。

第三十八条　出租汽车驾驶员有下列情形之一的，由发证机关注销其从业资格证。从业资格证被注销的，应当及时收回；无法收回的，由发证机关公告作废。

（一）持证人死亡的；

（二）持证人申请注销的；

（三）持证人达到法定退休年龄的；

（四）持证人机动车驾驶证被注销或者被吊销的；

（五）因身体健康等其他原因不宜继续从事出租汽车客运服务的。

第三十九条 出租汽车驾驶员有下列不具备安全运营条件情形之一的，由发证机关撤销其从业资格证，并公告作废：

（一）持证人身体健康状况不再符合从业要求且没有主动申请注销从业资格证的；

（二）有交通肇事犯罪、危险驾驶犯罪记录，有吸毒记录，有饮酒后驾驶记录，有暴力犯罪记录，最近连续3个记分周期内记满12分记录。

第四十条 出租汽车驾驶员在运营过程中，应当遵守国家对驾驶员在法律法规、职业道德、服务规范、安全运营等方面的资格规定，文明行车、优质服务。出租汽车驾驶员不得有下列行为：

（一）途中甩客或者故意绕道行驶；

（二）不按照规定携带道路运输证、从业资格证；

（三）不按照规定使用出租汽车相关设备；

（四）不按照规定使用文明用语，车容车貌不符合要求；

（五）未经乘客同意搭载其他乘客；

（六）不按照规定出具相应车费票据；

（七）网络预约出租汽车驾驶员违反规定巡游揽客、站点候客；

（八）巡游出租汽车驾驶员拒载，或者未经约车人或乘客同意、网络预约出租汽车驾驶员无正当理由未按承诺到达约定地点提供预约服务；

（九）巡游出租汽车驾驶员不按照规定使用计程计价设备、违规收费或者网络预约出租汽车驾驶员违规收费；

（十）对举报、投诉其服务质量或者对其服务作出不满意评价的乘客实施报复。

出租汽车驾驶员有本条前款违法行为的,应当加强继续教育;情节严重的,出租汽车行政主管部门应当对其延期注册。

第六章 法律责任

第四十一条 违反本规定,有下列行为之一的人员,由县级以上出租汽车行政主管部门责令改正,并处1万元以上3万元以下的罚款;构成犯罪的,依法追究刑事责任:

(一)未取得从业资格证或者超越从业资格证核定范围,驾驶出租汽车从事经营活动的;

(二)使用失效、伪造、变造的从业资格证,驾驶出租汽车从事经营活动的;

(三)转借、出租、涂改从业资格证的。

第四十二条 出租汽车驾驶员违反第十六条、第四十条规定的,由县级以上出租汽车行政主管部门责令改正,并处200元以上2000元以下的罚款。

第四十三条 违反本规定,聘用未取得从业资格证的人员,驾驶出租汽车从事经营活动的,由县级以上出租汽车行政主管部门责令改正,并处5000元以上1万元以下的罚款;情节严重的,处1万元以上3万元以下的罚款。

第四十四条 违反本规定,有下列行为之一的出租汽车经营者,由县级以上出租汽车行政主管部门责令改正,并处1000元以上3000元以下的罚款:

(一)聘用未按规定办理注册手续的人员,驾驶出租汽车从事经营活动的;

(二)不按照规定组织实施继续教育的。

第四十五条 违反本规定,出租汽车行政主管部门及工作人

员有下列情形之一的,对直接负责的主管人员和其他直接责任人员,依法给予行政处分;构成犯罪的,依法追究刑事责任:

(一)未按规定的条件、程序和期限组织从业资格考试及核发从业资格证的;

(二)发现违法行为未及时查处的;

(三)索取、收受他人财物及谋取其他不正当利益的;

(四)其他违法行为。

第四十六条 地方性法规、政府规章对出租汽车驾驶员违法行为需要承担的法律责任与本规定有不同规定的,从其规定。

第七章 附 则

第四十七条 本规定施行前依法取得的从业资格证继续有效。可在原证件有效期届满前申请延续注册时申请换发新的从业资格证,并按规定进行注册。

其他预约出租汽车驾驶员的从业资格参照巡游出租汽车驾驶员执行。

第四十八条 本规定自2012年4月1日起施行。

附件:

1. 出租汽车驾驶员从业资格证申请表(略)
2. 巡游出租汽车驾驶员从业资格注册登记表(略)
3. 出租汽车驾驶员从业资格证补(换)发申请表(略)

关于机动车驾驶证自学直考试点的公告

(2016年2月3日公安部、交通运输部、中国保险监督管理委员会发布)

为贯彻落实《国务院办公厅转发公安部交通运输部关于推进机动车驾驶人培训考试制度改革意见的通知》（国办发〔2015〕88号），根据《道路交通安全法》及其实施条例、《道路运输条例》、《机动车交通事故责任强制保险条例》，公安部、交通运输部、中国保险监督管理委员会决定在天津、包头、长春、南京、宁波、马鞍山、福州、吉安、青岛、安阳、武汉、南宁、成都、黔东南、大理、宝鸡等16个市（州）试点小型汽车、小型自动挡汽车驾驶证自学直考。现将有关事项公告如下：

一、自学直考是指申请小型汽车、小型自动挡汽车驾驶证的人员，使用加装安全辅助装置的自备机动车，在具备安全驾驶经历等条件的人员随车指导下，按照公安机关交通管理部门指定的路线、时间学习驾驶技能，直接申请驾驶证考试。

二、自学人员应当符合公安部《机动车驾驶证申领和使用规定》规定的申请小型汽车、小型自动挡汽车驾驶证条件，按规定取得学习驾驶证明和学车专用标识后，方可学习场地驾驶和道路驾驶技能。

三、随车指导人员应当取得相应或者更高准驾车型驾驶证五年以上，没有吸食毒品记录，未发生驾驶机动车造成人员死亡的交通责任事故或者造成人员重伤负主要以上责任的交通事故，没有记满12分或者驾驶证被吊销记录，没有违规随车指导行为记录。

四、自学用车应为非营运小型汽车或者小型自动挡汽车，在自学直考申请地注册登记，并加装副制动装置、辅助后视镜等安全辅助装置，完成加装后经机动车安全技术检验合格。自学用车应当按规定投保机动车交通事故责任强制保险等相关保险。

五、自学人员经道路交通安全法律、法规和相关知识考试合格后，应当与随车指导人员一同向户籍地或者居住地的地市级车辆管理所领取学习驾驶证明和学车专用标识。领取时，应当提交自学人员和随车指导人员身份证明、随车指导人员驾驶证、自学用车所有人身份证明以及登记证书、行驶证、交通事故责任强制保险等凭证、加装安全辅助装置后的安全技术检验合格证明，并交验自学用车。符合条件的，车辆管理所免费发放学习驾驶证明和学车专用标识。自学人员也可以通过互联网交通安全综合服务管理平台自行打印或者下载学习驾驶证明。

六、学车专用标识只允许签注一名自学人员、一名随车指导人员、一辆自学用车。每名随车指导人员、每辆自学用车不得同时签注2个及2个以上学车专用标识。已经签注过的随车指导人员或者自学用车，需要培训另一名自学人员的，自上次签注之日起三个月后，方可重新领取学车专用标识。

七、自学人员学习驾驶中，需要变更随车指导人员、自学用车的，应当向原学车专用标识发放地车辆管理所申请重新领取。变更随车指导人员的，新的随车指导人员应当同时到场，并提供相关资料凭证；变更自学用车的，应当交验自学用车，并提供相关资料凭证。符合条件的，车辆管理所重新发放学车专用标识，收回原学车专用标识。自学人员学习驾驶中，学车专用标识遗失、损毁的，应当向原学车专用标识发放地车辆管理所申请补领。

八、自学人员、随车指导人员或者自学用车所有人提出停止自学申请，自学人员、随车指导人员或者自学用车不符合相关规定条件的，车辆管理所应当注销并收回学车专用标识。未收回学车专用标识的，应当公告作废。

九、自学人员在道路上学习驾驶技能，应当携带学习驾驶证明，在车身前后放置、粘贴学车专用标识，使用学车专用标识签注的自学用车，在签注的指导人员随车指导下，按照公安机关交通管理部门指定的路线、时间学习驾驶。正在学习驾驶的自学用车不得搭载随车指导人员以外的其他人员。自学用车暂不用于学习驾驶而上道路行驶时，应当去除学车专用标识。

十、自学人员注销学车专用标识后，可以选择在驾驶培训机构学习驾驶。已在驾驶培训机构学习驾驶的人员，可以按照本公告要求申请转为自学驾驶。

十一、公安机关交通管理部门应当结合实际，在保障安全、减少对交通影响的前提下，指定学习驾驶的路线、时间，在允许学习驾驶的路段起点、终点及沿途设置明显的指示标志，并向社会公告。

高速公路、城市快速路、学校和医院周边道路不得作为学习驾驶路线。0时至5时、道路交通高峰时段不得作为学习驾驶时间。

十二、随车指导人员应当参照交通运输部、公安部《机动车驾驶培训教学与考试大纲》的内容和学时要求，指导自学人员学习，真实记录学习过程，监督自学人员遵守《道路交通安全法》及其实施条例规定的通行规则，保障道路交通安全。随车指导人员不得利用自学用车从事经营性驾驶教学活动。

十三、自学人员在具备资格的人员随车指导下，使用符合规定的自学用车学习驾驶时有道路交通安全违法行为的，按照《道路交通安全法实施条例》第二十条规定对随车指导人员予以处罚。

自学人员有未取得学习驾驶证明、学习驾驶证明超过有效期、由不符合规定的人员随车指导等违反规定行为之一的，根据《道路交通安全法》、《机动车驾驶证申领和使用规定》，按照未取得机动车驾驶证驾驶机动车违法行为，对自学人员处二百元以上二千元以下罚款，可以并处十五日以下拘留；属于将机动车交由自学人员驾驶的，对行为人处二百元以上二千元以下罚款，可以并处吊销机动车驾驶证。

随车指导人员利用自学用车从事经营性驾驶教学活动的，由道路运输管理机构按照《道路运输条例》第六十六条规定予以处罚，由车辆管理所注销并收回学车专用标识。

十四、自学人员在具备资格的人员随车指导下，使用符合规定的自学用车学习驾驶中发生交通事故的，按照《道路交通安全法实施条例》第二十条规定，由随车指导人员承担责任。但自学人员在无具备资格人员随车指导情况下发生交通事故的，自行承担责任。

自学人员在不通行社会车辆、不属于公众通行的场所学习驾驶发生事故，公安机关交通管理部门接到报案的，参照《道路交通安全法》有关规定办理。

十五、自学人员按照本公告相关要求，学习驾驶中发生交通事故的，保险公司应当按照保险合同约定予以理赔。

十六、符合《机动车驾驶证申领和使用规定》规定条件的自学人员，可以向学车专用标识发放地车辆管理所申请机动车驾驶证考试。考试合格的，核发机动车驾驶证。

十七、本公告自2016年4月1日起施行。

特此公告。

公安部　交通运输部
中国保险监督管理委员会
2016年2月3日

关于推进机动车驾驶人培训考试制度改革的意见

国务院办公厅转发公安部交通运输部关于推进机动车驾驶人培训考试制度改革意见的通知

国办发〔2015〕88号

各省、自治区、直辖市人民政府，国务院各部委、各直属机构：

  公安部、交通运输部《关于推进机动车驾驶人培训考试制度改革的意见》已经国务院领导同志同意，现转发给你们，请认真贯彻执行。

国务院办公厅
2015年11月30日

  为进一步适应我国经济社会发展和人民群众迅速增长的驾驶培训和考试需求，提高机动车驾驶人培训考试工作服务管理水平，推进驾驶人培训考试制度改革，现提出以下意见。

一、总体要求

（一）指导思想。全面贯彻落实党的十八大和十八届二中、三中、四中、五中全会精神，推进简政放权、放管结合、优化服务，坚持以问题为导向、以改革为动力，促进驾驶培训市场开放竞争、驾驶考试公平公正、服务管理便捷高效，不断满足人民群众驾驶培训考试需求，不断提高驾驶培训考试质量，着力维护道路交通安全、文明、有序。

（二）基本原则。

——坚持安全第一。严格培训质量，严把考试关口，严守考试标准，强化新驾驶人安全意识养成，提升安全驾驶技能，增强安全文明素养，切实保障道路交通安全。

——坚持便民利民。提供多样化培训服务，优化培训考试程序，尊重群众意愿，推行自主选择，简化手续，提高办事效率，方便广大群众考领驾驶证。

——坚持开放竞争。进一步开放驾驶培训市场，完善公平竞争机制，激发培训市场活力，利用社会考试资源，实现供给与需求有效对接，提高培训考试服务管理水平。

——坚持公正廉洁。实现培训、预约考试、考试、驾驶证发放全过程公开透明、严密规范，健全内外部监督机制，严格违规问责，坚决查处违法腐败行为，不断提高政府公信力和群众满意度。

（三）工作目标。2016年上半年，部署驾驶人培训考试制度改革工作，明确各项任务推进步骤，启动重大改革事项试点；2017年，总结试点经验，深入推进改革实施；到2018年，完成改革重点工作任务，基本建立开放有序、公平竞争、服务优质、管理规范的驾驶培训市场体系，基本建立公开透明、权责清晰、运转高效、公正廉洁的驾驶考试管理体制，基本解决培训考试中的不便利、不规范、不经济等问题。

二、主要任务

（一）创新培训方式，建立开放有序培训新格局。

1. 实行驾驶人分类教育培训。推行大型客货车专业化驾驶培训，试点开展大型客货车驾驶人职业教育，将先进的驾驶理念和驾驶技能纳入教育培训内容，加强守法文明驾驶意识培养，提升大型客货车驾驶人专业技能和职业素养；引导建立大型客货车驾驶人培训基地,开展集中式教育培训。优化小型汽车驾驶人培训方式,在完成规定培训学时要求的基础上,学员可根据自身情况增加培训学时和内容,满足个性化、差异化培训需求。(交通运输部、教育部、公安部、人力资源社会保障部负责)

2. 实行计时培训计时收费。改变驾驶培训机构一次性预收全部培训费用的模式,推行计时培训计时收费、先培训后付费的服务措施。实行学员自主预约培训时段、自主选择教练员、自主选择缴费方式。试点学员分科目、跨驾驶培训机构参加培训。(交通运输部负责)

3. 试点小型汽车驾驶人自学直考。在有条件的地方,试点非经营性的小型汽车驾驶人自学直考。允许个人使用加装安全辅助装置的自备车辆,在具备安全驾驶经历等条件的随车人员指导下,按照指定的路线、时间学习驾驶,并直接申请考试。自学驾驶所用自备车辆,不得用于经营性的驾驶学习活动。自学人员上道路学习驾驶前应到公安机关免费领取学车专用标识和学习驾驶证明。自学人员在学习驾驶中有道路交通安全违法行为或者造成交通事故的,由随车指导人员依法承担责任。按照严格管理、保障安全的要求,制定实施用于自学驾驶的车辆条件、随车指导人员条件以及训练路线时间划定、交通违法处理、事故责任认定、保险理赔等管理制度。(公安部、交通运输部、保监会负责)

(二)加强培训管理,促进驾驶培训行业健康发展。

4. 进一步开放驾驶培训市场。严格按照国家相关法律法规实施驾驶培训机构准入许可制度。对符合法定条件的申请人,道路运输管理机构不得以任何理由拖延或者禁止准入,不得增设任何额外条件。定期发布驾驶培训市场供求信息,引导社会资金理性进入,推动市场良性发展。(交通运输部负责)

5. 强化驾驶培训机构培训责任。驾驶培训机构应严格按照国家标准和规定配备教练车、教练员和教学设施,严格按照培训大纲规定的学时和内容进行培训,确保培训质量。培训结业的,驾驶培训机构应当向学员颁发结业证书。主管部门要强化监督管理,加强检查,规范市场秩序,保证驾驶培训机构依法依规开展经营服务活动。(交通运输部负责)

6. 着力提升驾驶培训专业化水平。完善驾驶培训考试内容和标准,强化交通安全意识和文明交通理念培训,编制统一的机动车安全文明驾驶操作规范,建立安全、文明、有序的驾驶规则体系。改进理论知识培训内容,采取远程网络教学、多媒体教学、交通事故案例教学、交通安全体验等多种方式,促进理论知识培训与实际操作训练交叉融合,提高驾驶培训专业化、系统化水平。(交通运输部、公安部负责)

7. 建立健全驾驶培训行业诚信体系。健全驾驶培训机构培训质量考核机制,建立健全信用档案和违法违规信息披露制度。推进公安、交通运输部门监管信息共享和公开。向社会公布驾驶培训机构培训质量情况以及考试合格率、学员投诉率、学员取得驾驶证后三年内的交通违法率和交通肇事率等信息,引导学员选择质量高、服务好的驾驶培训机构进行学习。推动驾驶培训机构专业化、品牌化发展,不断创新服务模式,提升服务质量。(交通运输部、公安部负责)

8. 加强教练员队伍管理。驾驶培训机构应当选用驾驶和教学经验丰富、安全文明驾驶素质高的驾驶人担任教练员;不得聘用有交通违法记分满分记录、发生交通死亡责任事故、组织或参与考试舞弊、收受或索取学员财物的人员担任教练员。严格教学活动监督管理,对学员投诉多、培训质量和职业道德差的教练员,严格考核和退出机制。试点开展教练员职业教育,完善教练员继续教育制度,提高教练员队伍素质和教学水平。(交通运输部、教

育部等负责)

(三) 利用社会资源，提高考试供给能力。

9. 鼓励建设使用社会考场。驾驶人考试场地布局、数量应当满足本地考试需求。考场的场地建设、设备配置、系统维护应当符合相关标准和规定。有序引导社会力量投资建设考场，积极推行以政府购买服务等方式使用社会考场。公安机关要坚持公平竞争、公开择优的原则，依法通过公开招标等程序选定社会考场，不得无偿使用。(公安部、财政部、国土资源部等负责)

10. 拓宽考试员选用渠道。建立多元化、多层次的考试员队伍，实行多渠道的考试员选用机制。各地应根据实际需求，在公安民警和文职人员中选拔专兼职考试员；试行聘用运输企业驾驶人、警风警纪监督员等人员承担考试辅助评判和监督职责。实行考试员资格管理、定期培训、考核淘汰制度，提升考试员队伍专业化、职业化水平。(公安部负责)

11. 优化考点布局。大力推进驾驶人考试业务向县级下放、延伸。积极推行市 (地) 级公安机关向县级公安机关派驻考试员开展考试工作，委托有条件的县级公安机关承担小型汽车驾驶证考试工作，方便群众就近考试。对报考单项科目出现排队积压的考生，允许其选择省 (区、市) 内其他考场参加考试。(公安部负责)

(四) 改进考试组织，保障考试公开公平公正。

12. 实行自主报考。建立统一的考试预约服务平台，提供互联网、电话、窗口等多种报考方式，考生完成培训后可按规定自主选择考试时间和考试场地，改变完全由驾驶培训机构包办报考的做法，保障考生选择权。公安机关按照报考或约考时间先后顺序，公平合理安排考生考试。考试费在约考确定后收取，提供网上支付、银行代收等多种支付方式，考生可分科目或一次性全部缴纳考试费。(公安部、财政部、人民银行负责)

13. 严格执行考试评判规定。按照法律、法规和规章要求,严格落实考试内容、考试程序,严明考试纪律,严守评判标准,不得减少考试项目、缩短考试里程、降低评判标准,切实保障考试质量,保证新驾驶人的驾驶技能和安全文明素养。道路交通安全法律法规、场地驾驶技能和安全文明驾驶常识考试应当使用计算机评判系统,道路驾驶技能考试推行人工随车评判和计算机评判相结合的方式,确保考试严格公正。(公安部负责)

14. 实行考试随机安排。严密考试组织形式,由计算机系统当日随机选配考试员,随机安排考生分组,随机选取考试路线,实现考试员和考生信息、驾驶培训机构信息相互屏蔽,杜绝人为操作。(公安部负责)

15. 实行考务公开。公开考试信息,通过互联网向社会公开考试计划、考试场地、考试员和约考结果。公开考试过程,当场公布考试成绩,在考场、办事大厅等场所向群众直播考试视频,考生有权查询自己的考试视频资料。实行考场开放,公布场地设施布局、考试流程和路线,允许考生考前免费进入考场熟悉环境。(公安部负责)

16. 优化考试程序。逐步推行场地驾驶技能考试和道路驾驶技能考试一次性预约、连续考试,减少考生往返次数。调整小型汽车夜间考试方式,可在日间采用模拟夜间灯光考试形式进行。道路驾驶技能考试合格后,考生要求当天参加安全文明驾驶常识考试的,应当予以安排。所有科目考试合格并按规定履行必要的手续后,应当在当日向考生发放机动车驾驶证。推行考试过程档案电子化,提高考试工作效率。(公安部负责)

(五)严格监督问责,保证培训考试规范廉洁。

17. 健全驾驶培训监督机制。推广使用全国统一标准的计算机计时培训管理系统,建立省级驾驶培训机构监管平台,强化对培训过程动态监管，督促落实培训内容和学时，确保培训信息真实有效。推进驾驶培训机构监管平台与考试系统联网对接，实现驾驶培训与考试信息共享，确保培训与考试有效衔接。建立学员监督和评价机制，健全驾驶培训投诉处理制度，畅通电话、网络等投诉渠道，及时调查、处理并公布结果。（交通运输部、公安部负责）

18. 完善考试监督机制。推广使用全国统一的考试评判和监管系统，完善考试音视频、指纹认证、人像识别、卫星定位系统等监管手段，推行考试全程使用执法记录仪，实现对考试过程、考试数据实时监控和事后倒查。建立考试监督评价机制，全面推行考试回访调查、音视频档案抽查、举报投诉核查反馈制度。聘请社会监督员，对考试工作进行监督。（公安部负责）

19. 严格违规培训责任追究。建立违规培训责任追究和退出机制。发现驾驶培训机构减少培训项目和学时、伪造或篡改培训系统数据、违规发放培训结业证书的，依法严肃查处，直至吊销经营许可。对驾驶培训机构及教练员组织或参与考试舞弊、以各种名目向学员索取财物的，依法从重处罚。对未经许可擅自从事驾驶培训经营活动的，依法严肃查处。（交通运输部负责）

20. 严格违规考试责任追究。凡是驾驶人取得驾驶证后三年内发生交通死亡事故并负主要以上责任的，倒查考试发证过程，发现考试员有参与伪造考试成绩、降低考试标准等违规问题的，取消其考试员资格，终身不得参与驾驶考试工作；构成犯罪的，依法追究刑事责任。依法依规查处收受或索取考生财物的违法行为。严格考场和考试设备生产销售企业监管，发现组织或参与考试舞弊、伪造或篡改考试系统数据的，不得继续使用涉事考场或采购涉事企业考试设备，并依法追究法律责任。（公安部等负责）

21. 严格执行政府机构不准经办驾驶培训机构的规定。严格执行国家法律和有关规定，任何国家机关以及驾驶培训和考试主管部门一律不得举办或参与举办驾驶培训机构；各地要组织开展集中清理，一旦发现有举办或参与举办的，要立即要求停办或退出，确保彻底脱钩。公安机关交通管理部门、道路运输管理机构工作人员及其配偶、子女不得以任何形式经营或参与经营驾驶培训机构。（交通运输部、公安部等负责）

（六）提升服务水平，便利群众学驾领证。

22. 保护学员合法权益。推行驾驶培训服务标准化合同文本，明确学员和驾驶培训机构双方权利义务，保护学员合法权益。驾驶培训费用实行市场调节价。驾驶培训机构应在服务场所、互联网等公开费用项目和标准，不得额外收取培训信息卡费、结业证书费等其他费用。公安机关应按规定收取驾驶许可考试费，严格执行财政、价格主管部门核定的考试收费项目和收费标准，严禁增加收费项目，严禁提高收费标准，严禁附加收取其他任何费用。（交通运输部、公安部、财政部、发展改革委负责）

23. 完善驾驶人体检制度。建立驾驶人分类体检制度，根据准驾车型设定不同的体检标准，提高大中型客货车驾驶人身体条件要求，简化、优化小型汽车驾驶人身体检查项目和方法。进一步规范医疗机构的驾驶人体检工作。改进老龄驾驶人体检规定，将每年进行一次身体检查的起始年龄由60周岁调整为70周岁。对未提交体检证明被注销驾驶证的驾驶人，按规定体检合格后可以恢复驾驶资格。（公安部、卫生计生委负责）

24. 实施驾驶证异地申领和审验。放开大中型客货车驾驶证异地申领限制，考生可以在户籍所在地或居住地学习培训、报名考试、领取驾驶证，满足流动人口申领驾驶证需求。允许在全国范围内异地补换领驾驶证、参加驾驶证审验、提交体检证明。（公安部负责）

25. 允许重新申领驾驶证直接考试。驾驶证被注销等有驾驶经历的人员，年龄、身体条件等符合重新申领驾驶证法定条件的，可以不经学习直接申请考试，各科目考试合格后予以核发驾驶证，但驾驶证被吊销或被撤销的除外。（公安部负责）

26. 逐步放宽残疾人驾车条件。研究制定单眼视力障碍人员驾车视力检测标准、上肢残疾人驾车加装辅助装置等规定，适时放宽单眼视力障碍群体、上肢残疾人申请小型汽车驾驶证的条件。制定残疾人驾驶培训大纲和培训教材，鼓励有条件的驾驶培训机构开展残疾人驾驶培训。（中国残联、公安部、交通运输部、工业和信息化部、卫生计生委、工商总局、质检总局分别负责）

27. 提高驾驶证国际认可度。积极推进与其他国家和地区开展驾驶证互认换领工作，逐步扩大驾驶证互认换领范围，提高我国驾驶证国际认知认可度，满足我国公民出境驾车需求。（公安部、外交部等负责）

三、加强组织领导

（一）落实改革保障配套政策。县级以上地方各级人民政府要将驾驶人培训考试制度改革作为一项重要民生工程，紧密结合本地实际，制定具体实施方案，落实经费和人员保障，周密部署实施。公安机关交通管理工作所需经费由同级财政全额保障；公安机关交通管理部门的行政事业性收费应全部上缴财政，不得截留挪用。公安部、交通运输部、发展改革委、财政部、卫生计生委、保监会、中国残联等部门和单位要按照职能分工，密切配合，抓紧制定配套政策，及时修改完善相关法规规章和制度。拖拉机驾驶培训考试工作，由农业（农业机械）主管部门按照道路交通安全法及其实施条例等规定开展。（各有关部门和单位分别负责）

（二）稳步有序推进改革。各地要加强工作统筹，做到培训与考试相衔接、培训考试需求与供给相平衡、政府服务与管理相融合，既为改革创造条件、积极推进，又立足实际、稳步实施。对小型汽车驾驶人自学直考等试点事项，要细化方案、完善措施，取得经验后再逐步推开；对其他实施条件成熟的事项要立行立改，有序推进。要做好宣传引导，准确解读改革措施，主动通报改革进展，及时回应社会关切，营造良好社会氛围。公安部、交通运输部等部门要加强跟踪评估和督查指导。（公安部、交通运输部、中央宣传部等负责）

（三）维护良好交通秩序。各地要进一步加强道路交通安全管理工作，严格源头把关，实施综合治理，强化检查执法，严厉打击和整治违反道路交通信号通行、违法占用应急车道、酒后驾驶、超速行驶等各类交通违法行为，切实维护道路交通秩序。深入开展交通安全宣传教育，加强文明交通志愿服务引导，深化公益广告宣传，传递文明交通理念，提升广大交通参与者的安全意识和文明素养，着力营造安全、文明、有序的道路交通环境。（公安部、交通运输部、安全监管总局、中央宣传部、中央文明办等负责）

机动车驾驶员培训管理规定

中华人民共和国交通运输部令

2016 年第 51 号

《交通运输部关于修改〈机动车驾驶员培训管理规定〉的决定》已于 2016 年 4 月 14 日经第 8 次部务会议通过,现予公布。

交通运输部部长

2016 年 4 月 21 日

(2006 年 1 月 12 日交通部发布;根据 2016 年 4 月 21 日《交通运输部关于修改〈机动车驾驶员培训管理规定〉的决定》修正)

第一章 总 则

第一条 为规范机动车驾驶员培训经营活动,维护机动车驾驶员培训市场秩序,保护各方当事人的合法权益,根据《中华人民共和国道路交通安全法》《中华人民共和国道路运输条例》等有关法律、行政法规,制定本规定。

第二条 从事机动车驾驶员培训业务的,应当遵守本规定。

机动车驾驶员培训业务是指以培训学员的机动车驾驶能力或者以培训道路运输驾驶人员的从业能力为教学任务,为社会公众有偿提供驾驶培训服务的活动。包括对初学机动车驾驶人员、增加准驾车型的驾驶人员和道路运输驾驶人员所进行的驾驶培训、继续教育以及机动车驾驶员培训教练场经营等业务。

第三条 机动车驾驶员培训实行社会化,从事机动车驾驶员培训业务应当依法经营,诚实信用,公平竞争。

第四条 机动车驾驶员培训管理应当公平、公正、公开和便民。

第五条 交通运输部主管全国机动车驾驶员培训管理工作。

县级以上地方人民政府交通运输主管部门负责组织领导本行政区域内的机动车驾驶员培训管理工作。

县级以上道路运输管理机构负责具体实施本行政区域内的机动车驾驶员培训管理工作。

第二章 经营许可

第六条 机动车驾驶员培训依据经营项目、培训能力和培训内容实行分类许可。

机动车驾驶员培训业务根据经营项目分为普通机动车驾驶员培训、道路运输驾驶员从业资格培训、机动车驾驶员培训教练场经营三类。

普通机动车驾驶员培训根据培训能力分为一级普通机动车驾驶员培训、二级普通机动车驾驶员培训和三级普通机动车驾驶员培训三类。

道路运输驾驶员从业资格培训根据培训内容分为道路客货运输驾驶员从业资格培训和危险货物运输驾驶员从业资格培训两类。

第七条 获得一级普通机动车驾驶员培训许可的,可以从事三种(含三种)以上相应车型的普通机动车驾驶员培训业务;获得二级普通机动车驾驶员培训许可的,可以从事两种相应车型的普通机动车驾驶员培训业务;获得三级普通机动车驾驶员培训许可的,只能从事一种相应车型的普通机动车驾驶员培训业务。

第八条 获得道路客货运输驾驶员从业资格培训许可的,可以从事经营性道路旅客运输驾驶员、经营性道路货物运输驾驶员的从业资格培训业务;获得危险货物运输驾驶员从业资格培训许可的,可以从事道路危险货物运输驾驶员的从业资格培训业务。

获得道路运输驾驶员从业资格培训许可的,还可以从事相应车型的普通机动车驾驶员培训业务。

第九条 获得机动车驾驶员培训教练场经营许可的,可以从事机动车驾驶员培训教练场经营业务。

第十条 申请从事普通机动车驾驶员培训业务的,应当符合下列条件:

(一)取得企业法人资格。

(二)有健全的培训机构。

包括教学、教练员、学员、质量、安全、结业考试和设施设备管理等组织机构,并明确负责人、管理人员、教练员和其他人员的岗位职责。具体要求按照《机动车驾驶员培训机构资格条件》(GB/T30340)相关条款的规定执行。

(三)有健全的管理制度。

包括安全管理制度、教练员管理制度、学员管理制度、培训质量管理制度、结业考试制度、教学车辆管理制度、教学设施设备管理制度、教练场地管理制度、档案管理制度等。具体要求按照《机动车驾驶员培训机构资格条件》(GB/T30340)相关条款的规定执行。

(四)有与培训业务相适应的教学人员。

1. 有与培训业务相适应的理论教练员。机动车驾驶员培训机构聘用的理论教练员应当具备以下条件:

持有机动车驾驶证,具有汽车及相关专业中专以上学历或者汽车及相关专业中级以上技术职称,具有两年以上安全驾驶经历,熟练掌握道路交通安全法规、驾驶理论、机动车构造、交通安全心理学、常用伤员急救等安全驾驶知识,了解车辆环保和节约能源的有关知识,了解教育学、教育心理学的基本教学知识,具备编写教案、规范讲解的授课能力。

2. 有与培训业务相适应的驾驶操作教练员。机动车驾驶员培训机构聘用的驾驶操作教练员应当具备以下条件:

持有相应的机动车驾驶证,年龄不超过60周岁,符合一定的安全驾驶经历和相应车型驾驶经历,熟练掌握道路交通安全法规、驾驶理论、机动车构造、交通安全心理学和应急驾驶的基本知识,熟悉车辆维护和常见故障诊断、车辆环保和节约能源的有关知识,具备驾驶要领讲解、驾驶动作示范、指导驾驶的教学能力。

3. 所配备的理论教练员数量要求及每种车型所配备的驾驶操作教练员数量要求应当按照《机动车驾驶员培训机构资格条件》(GB/T30340)相关条款的规定执行。

(五)有与培训业务相适应的管理人员。

管理人员包括理论教学负责人、驾驶操作训练负责人、教学车辆管理人员、结业考核人员和计算机管理人员。具体要求按照《机动车驾驶员培训机构资格条件》(GB/T30340)相关条款的规定执行。

(六)有必要的教学车辆。

1. 所配备的教学车辆应当符合国家有关技术标准要求,并装有副后视镜、副制动踏板、灭火器及其他安全防护装置。具体要求按照《机动车驾驶员培训机构资格条件》（GB/T30340）相关条款的规定执行。

2. 从事一级普通机动车驾驶员培训的，所配备的教学车辆不少于80辆；从事二级普通机动车驾驶员培训的，所配备的教学车辆不少于40辆；从事三级普通机动车驾驶员培训的，所配备的教学车辆不少于20辆。具体要求按照《机动车驾驶员培训机构资格条件》（GB/T30340）相关条款的规定执行。

（七）有必要的教学设施、设备和场地。

具体要求按照《机动车驾驶员培训机构资格条件》（GB/T30340）相关条款的规定执行。租用教练场地的，还应当持有书面租赁合同和出租方土地使用证明，租赁期限不得少于3年。

第十一条　申请从事道路运输驾驶员从业资格培训业务的，应当具备下列条件：

（一）取得企业法人资格。

（二）具备相应车型的普通机动车驾驶员培训资格。

1. 从事道路客货运输驾驶员从业资格培训业务的，应当同时具备大型客车、城市公交车、中型客车、小型汽车（含小型自动挡汽车）等四种车型中至少一种车型的普通机动车驾驶员培训资格和通用货车半挂车（牵引车）、大型货车等两种车型中至少一种车型的普通机动车驾驶员培训资格。

2. 从事危险货物运输驾驶员从业资格培训业务的，应当具备通用货车半挂车（牵引车）、大型货车等两种车型中至少一种车型的普通机动车驾驶员培训资格。

（三）有与培训业务相适应的教学人员。

1. 从事道路客货运输驾驶员从业资格培训业务的，应当配备2名以上教练员。教练员应当具有汽车及相关专业大专以上学历或者汽车及相关专业高级以上技术职称,熟悉道路旅客运输法规、货物运输法规以及机动车维修、货物装卸保管和旅客急救等相关知识,具备相应的授课能力,具有2年以上从事普通机动车驾驶员培训的教学经历,且近2年无不良的教学记录。

2. 从事危险货物运输驾驶员从业资格培训业务的,应当配备2名以上教练员。教练员应当具有化工及相关专业大专以上学历或者化工及相关专业高级以上技术职称,熟悉危险货物运输法规、危险化学品特性、包装容器使用方法、职业安全防护和应急救援等知识,具备相应的授课能力,具有2年以上化工及相关专业的教学经历,且近2年无不良的教学记录。

(四)有必要的教学设施、设备和场地。

1. 从事道路客货运输驾驶员从业资格培训业务的,应当配备相应的机动车构造、机动车维护、常见故障诊断和排除、货物装卸保管、医学救护、消防器材等教学设施、设备和专用场地。

2. 从事危险货物运输驾驶员从业资格培训业务的,还应当同时配备常见危险化学品样本、包装容器、教学挂图、危险化学品实验室等设施、设备和专用场地。

第十二条 申请从事机动车驾驶员培训教练场经营业务的,应当具备下列条件:

(一)取得企业法人资格。

(二)有与经营业务相适应的教练场地。具体要求按照《机动车驾驶员培训教练场技术要求》(GB/T30341)相关条款的规定执行。

(三)有与经营业务相适应的场地设施、设备,办公、教学、生活设施以及维护服务设施。具体要求按照《机动车驾驶员培训教练场技术要求》(GB/T30341)相关条款的规定执行。

(四)具备相应的安全条件。包括场地封闭设施、训练区隔离设施、安全通道以及消防设施、设备等。具体要求按照《机动车驾驶员培训教练场技术要求》（GB/T30341）相关条款的规定执行。

（五）有相应的管理人员。包括教练场安全负责人、档案管理人员以及场地设施、设备管理人员。

（六）有健全的安全管理制度。包括安全检查制度、安全责任制度、教学车辆安全管理制度以及突发事件应急预案等。

第十三条　申请从事机动车驾驶员培训经营的，应当依法向工商行政管理机关办理有关登记手续后，向所在地县级道路运输管理机构提出申请，并提交以下材料：

（一）《交通行政许可申请书》；

（二）申请人身份证明及复印件；

（三）经营场所使用权证明或产权证明及复印件；

（四）教练场地使用权证明或产权证明及复印件；

（五）教练场地技术条件说明；

（六）教学车辆技术条件、车型及数量证明（申请从事机动车驾驶员培训教练场经营的无需提交）；

（七）教学车辆购置证明（申请从事机动车驾驶员培训教练场经营的无需提交）；

（八）各类设施、设备清单；

（九）拟聘用人员名册、职称证明；

（十）申请人办理的工商营业执照正、副本及复印件；

（十一）根据本规定需要提供的其他相关材料。

申请从事普通机动车驾驶员培训业务的，在递交申请材料时，应当同时提供由公安交警部门出具的相关人员安全驾驶经历证明，安全驾驶经历的起算时间自申请材料递交之日起倒计。

第十四条　道路运输管理机构应当按照《中华人民共和国道

路运输条例》和《交通行政许可实施程序规定》规范的程序实施机动车驾驶员培训业务的行政许可。

第十五条　道路运输管理机构应当对申请材料中关于教练场地、教学车辆以及各种设施、设备的实质内容进行核实。

第十六条　道路运输管理机构对机动车驾驶员培训业务申请予以受理的，应当自受理申请之日起15日内审查完毕，作出许可或者不予许可的决定。对符合法定条件的，道路运输管理机构作出准予行政许可的决定，向申请人出具《交通行政许可决定书》，并在10日内向被许可人颁发机动车驾驶员培训许可证件，明确许可事项；对不符合法定条件的，道路运输管理机构作出不予许可的决定，向申请人出具《不予交通行政许可决定书》，说明理由，并告知申请人享有依法申请行政复议或者提起行政诉讼的权利。

第十七条　机动车驾驶员培训许可证件实行有效期制。从事普通机动车驾驶员培训业务和机动车驾驶员培训教练场经营业务的证件有效期为6年；从事道路运输驾驶员从业资格培训业务的证件有效期为4年。

机动车驾驶员培训许可证件由省级道路运输管理机构统一印制并编号，县级道路运输管理机构按照规定发放和管理。

机动车驾驶员培训机构应当在许可证件有效期届满前30日到作出原许可决定的道路运输管理机构办理换证手续。

第十八条　机动车驾驶员培训机构变更许可事项的，应当向原作出许可决定的道路运输管理机构提出申请；符合法定条件、标准的，实施机关应当依法办理变更手续。

机动车驾驶员培训机构变更名称、法定代表人等事项的，应当向原作出许可决定的道路运输管理机构备案。

第十九条　机动车驾驶员培训机构需要终止经营的，应当在终止经营前 30 日到原作出许可决定的道路运输管理机构办理行政许可注销手续。

第三章　教练员管理

第二十条　鼓励教练员同时具备理论教练员和驾驶操作教练员的教学水平。

第二十一条　机动车驾驶培训教练员应当按照统一的教学大纲规范施教，并如实填写《教学日志》和《中华人民共和国机动车驾驶员培训记录》（简称《培训记录》）。

第二十二条　机动车驾驶员培训机构应当加强对教练员的职业道德教育和驾驶新知识、新技术的再教育，对教练员每年进行至少一周的脱岗培训，提高教练员的职业素质。

第二十三条　机动车驾驶员培训机构应当加强对教练员教学情况的监督检查，定期对教练员的教学水平和职业道德进行评议，公布教练员的教学质量排行情况，督促教练员提高教学质量。

第二十四条　省级道路运输管理机构应当制定机动车驾驶培训教练员教学质量信誉考核办法，对机动车驾驶培训教练员实行教学质量信誉考核制度。

机动车驾驶培训教练员教学质量信誉考核内容应当包括教练员的基本情况、教学业绩、教学质量排行情况、参加再教育情况、不良记录等。

第二十五条　省级道路运输管理机构应当建立教练员档案，使用统一的数据库和管理软件，实行计算机联网管理，并依法向社会公开教练员信息。机动车驾驶培训教练员教学质量信誉考核结果是教练员档案的重要组成部分。

第四章 经营管理

第二十六条 在未取得机动车驾驶员培训许可证件前,任何单位或者个人不得开展机动车驾驶员培训经营活动。机动车驾驶员培训机构应当按照经批准的行政许可事项开展培训业务。

第二十七条 机动车驾驶员培训机构应当将机动车驾驶员培训许可证件悬挂在经营场所的醒目位置,公示其经营类别、培训范围、收费项目、收费标准、教练员、教学场地等情况。

第二十八条 机动车驾驶员培训机构应当在注册地开展培训业务,不得采取异地培训、恶意压价、欺骗学员等不正当手段开展经营活动,不得允许社会车辆以其名义开展机动车驾驶员培训经营活动。

第二十九条 机动车驾驶员培训实行学时制,按照学时合理收取费用。机动车驾驶员培训机构应当将学时收费标准报所在地道路运输管理机构备案。

对每个学员理论培训时间每天不得超过6个学时,实际操作培训时间每天不得超过4个学时。

第三十条 机动车驾驶员培训机构应当建立学时预约制度,并向社会公布联系电话和预约方式。

第三十一条 参加机动车驾驶员培训的人员,在报名时应当填写《机动车驾驶员培训学员登记表》(以下简称《学员登记表》),并提供身份证明及复印件。参加道路运输驾驶员从业资格培训的人员,还应当同时提供驾驶证及复印件。报名人员应当对所提供材料的真实性负责。

第三十二条 机动车驾驶员培训机构应当按照全国统一的教学大纲进行培训。培训结束时,应当向结业人员颁发《机动车驾驶员培训结业证书》（以下简称《结业证书》）。

《结业证书》由省级道路运输管理机构按照全国统一式样印制并编号。

第三十三条 机动车驾驶员培训机构应当建立学员档案。学员档案主要包括：《学员登记表》、《教学日志》、《培训记录》、《结业证书》复印件等。

学员档案保存期不少于 4 年。

第三十四条 机动车驾驶员培训机构应当使用符合标准并取得牌证、具有统一标识的教学车辆。

教学车辆的统一标识由省级道路运输管理机构负责制定，并组织实施。

第三十五条 机动车驾驶员培训机构应当按照国家的有关规定对教学车辆进行定期维护和检测，保持教学车辆性能完好，满足教学和安全行车的要求，并按照国家有关规定及时更新。

禁止使用报废的、检测不合格的和其他不符合国家规定的车辆从事机动车驾驶员培训业务。不得随意改变教学车辆的用途。

第三十六条 机动车驾驶员培训机构应当建立教学车辆档案。教学车辆档案主要内容包括：车辆基本情况、维护和检测情况、技术等级记录、行驶里程记录等。

教学车辆档案应当保存至车辆报废后 1 年。

第三十七条 机动车驾驶员培训机构在道路上进行培训活动，应当遵守公安交通管理部门指定的路线和时间，并在教练员随车指导下进行，与教学无关的人员不得乘坐教学车辆。

第三十八条 机动车驾驶员培训机构应当保持教学设施、设备的完好，充分利用先进的科技手段，提高培训质量。

第三十九条 机动车驾驶员培训机构应当按照有关规定向县级以上道路运输管理机构报送《培训记录》以及有关统计资料。

《培训记录》应当经教练员审核签字。

第四十条 道路运输管理机构应当根据机动车驾驶员培训机构执行教学大纲、颁发《结业证书》等情况，对《培训记录》及统计资料进行严格审查。

第四十一条 省级道路运输管理机构应当建立机动车驾驶员培训机构质量信誉考评体系，制定机动车驾驶员培训监督管理的量化考核标准，并定期向社会公布对机动车驾驶员培训机构的考核结果。

机动车驾驶员培训机构质量信誉考评应当包括培训机构的基本情况、教学大纲执行情况、《结业证书》发放情况、《培训记录》填写情况、教练员的质量信誉考核结果、培训业绩、考试情况、不良记录等内容。

第五章 监督检查

第四十二条 各级道路运输管理机构应当加强对机动车驾驶员培训经营活动的监督检查，积极运用信息化技术手段，科学、高效地开展工作。

第四十三条 道路运输管理机构的工作人员应当严格按照职责权限和程序进行监督检查，不得滥用职权、徇私舞弊，不得乱收费、乱罚款，不得妨碍培训机构的正常工作秩序。

第四十四条 道路运输管理机构实施现场监督检查，应当指派2名以上执法人员参加。执法人员应当向当事人出示交通运输部监制的交通行政执法证件。

执法人员实施现场监督检查，可以行使下列职权：

（一）询问教练员、学员以及其他相关人员，并可以要求被询问人提供与违法行为有关的证明材料；

（二）查阅、复制与违法行为有关的《教学日志》、《培训记录》及其他资料；核对与违法行为有关的技术资料；

（三）在违法行为发现场所进行摄影、摄像取证；

（四）检查与违法行为有关的教学车辆和教学设施、设备。

执法人员应当如实记录检查情况和处理结果，并按照规定归档。当事人有权查阅监督检查记录。

第四十五条 机动车驾驶员培训机构在许可机关管辖区域外违法从事培训活动的，违法行为发生地的道路运输管理机构应当依法对其予以处罚，同时将违法事实、处罚结果抄送许可机关。

第四十六条 机动车驾驶员培训机构、管理人员、教练员、学员以及其他相关人员应当积极配合执法人员的监督检查工作，如实反映情况，提供有关资料。

第六章 法律责任

第四十七条 违反本规定，未经许可擅自从事机动车驾驶员培训业务，有下列情形之一的，由县级以上道路运输管理机构责令停止经营；有违法所得的，没收违法所得，并处违法所得2倍以上10倍以下的罚款；没有违法所得或者违法所得不足1万元的，处2万元以上5万元以下的罚款；构成犯罪的，依法追究刑事责任：

（一）未取得机动车驾驶员培训许可证件，非法从事机动车驾驶员培训业务的；

（二）使用无效、伪造、变造、被注销的机动车驾驶员培训许可证件，非法从事机动车驾驶员培训业务的；

（三）超越许可事项，非法从事机动车驾驶员培训业务的。

第四十八条　违反本规定,机动车驾驶员培训机构非法转让、出租机动车驾驶员培训许可证件的,由县级以上道路运输管理机构责令停止违法行为,收缴有关证件,处2000元以上1万元以下的罚款;有违法所得的,没收违法所得。

对于接受非法转让、出租的受让方,应当按照第四十七条的规定处罚。

第四十九条　违反本规定,机动车驾驶员培训机构不严格按照规定进行培训或者在培训结业证书发放时弄虚作假,有下列情形之一的,由县级以上道路运输管理机构责令改正;拒不改正的,由原许可机关吊销其经营许可:

(一) 未按照全国统一的教学大纲进行培训的;
(二) 未向培训结业的人员颁发《结业证书》的;
(三) 向培训未结业的人员颁发《结业证书》的;
(四) 向未参加培训的人员颁发《结业证书》的;
(五) 使用无效、伪造、变造《结业证书》的;
(六) 租用其他机动车驾驶员培训机构《结业证书》的。

第五十条　违反本规定,机动车驾驶员培训机构有下列情形之一的,由县级以上道路运输管理机构责令限期整改;逾期整改不合格的,予以通报:

(一) 未在经营场所醒目位置悬挂机动车驾驶员培训经营许可证件的;
(二) 未在经营场所公示其经营类别、培训范围、收费项目、收费标准、教练员、教学场地等情况的;
(三) 未按照要求聘用教学人员的;
(四) 未按规定建立学员档案、教学车辆档案的;
(五) 未按规定报送《培训记录》和有关统计资料的;
(六) 使用不符合规定的车辆及设施、设备从事教学活动的;

（七）存在索取、收受学员财物，或者谋取其他利益等不良行为的；

（八）未定期公布教练员教学质量排行情况的；

（九）违反本规定其他有关规定的。

第五十一条 违反本规定，机动车驾驶培训教练员有下列情形之一的，由县级以上道路运输管理机构责令限期整改；逾期整改不合格的，予以通报：

（一）未按照全国统一的教学大纲进行教学的；

（二）填写《教学日志》、《培训记录》弄虚作假的；

（三）教学过程中有道路交通安全违法行为或者造成交通事故的；

（四）存在索取、收受学员财物，或者谋取其他利益等不良行为的；

（五）未按照规定参加驾驶新知识、新技能再教育的；

（六）违反本规定其他有关规定的。

第五十二条 违反本规定，道路运输管理机构的工作人员，有下列情形之一的，依法给予行政处分；构成犯罪的，依法追究刑事责任：

（一）不按规定的条件、程序和期限实施行政许可的；

（二）参与或者变相参与机动车驾驶员培训业务的；

（三）发现违法行为不及时查处的；

（四）索取、收受他人财物，或者谋取其他利益的；

（五）有其他违法违纪行为的。

第七章　附　则

第五十三条 外商在中华人民共和国境内申请以中外合资、

中外合作、独资等形式经营机动车驾驶员培训业务的，应同时遵守《外商投资道路运输业管理规定》等相关法律、行政法规的规定。

第五十四条　机动车驾驶员培训许可证件等相关证件工本费收费标准由省级人民政府财政部门、价格主管部门会同同级交通运输主管部门核定。

第五十五条　本规定自2006年4月1日施行。1996年12月23日发布的《中华人民共和国机动车驾驶员培训管理规定》（交通部令第11号）和1995年7月3日发布的《汽车驾驶员培训行业管理办法》（交公路发〔1995〕246号）同时废止。

其 他

关于办理醉酒驾驶机动车刑事案件
适用法律若干问题的意见

最高人民法院、最高人民检察院、公安部印发
《关于办理醉酒驾驶机动车刑事案件适用法律
若干问题的意见》的通知

法发〔2013〕15号

各省、自治区、直辖市高级人民法院、人民检察院、公安厅（局），解放军军事法院、军事检察院，总政治部保卫部，新疆维吾尔自治区高级人民法院生产建设兵团分院，新疆生产建设兵团人民检察院、公安局：

《中华人民共和国刑法修正案（八）》施行以来，各地严格执法，查处了一批醉酒驾驶机动车刑事案件，取得了良好的法律效果和社会效果。为保障法律的正确、统一实施，依法惩处醉酒驾驶机动车犯罪，维护公共安

全和人民群众生命财产安全,最高人民法院、最高人民检察院、公安部经深入调查研究,广泛征求意见,制定了《关于办理醉酒驾驶机动车刑事案件适用法律若干问题的意见》。现印发给你们,请认真组织学习,切实贯彻执行。执行中有何问题,请及时层报最高人民法院、最高人民检察院、公安部。

最高人民法院

最高人民检察院

中华人民共和国公安部

二〇一三年十二月十八日

为保障法律的正确、统一实施,依法惩处醉酒驾驶机动车犯罪,维护公共安全和人民群众生命财产安全,根据刑法、刑事诉讼法的有关规定,结合侦查、起诉、审判实践,制定本意见。

一、在道路上驾驶机动车,血液酒精含量达到80毫克/100毫升以上的,属于醉酒驾驶机动车,依照刑法第一百三十三条之一第一款的规定,以危险驾驶罪定罪处罚。

前款规定的"道路""机动车",适用道路交通安全法的有关规定。

二、醉酒驾驶机动车,具有下列情形之一的,依照刑法第一百三十三条之一第一款的规定,从重处罚:

(一)造成交通事故且负事故全部或者主要责任,或者造成交通事故后逃逸,尚未构成其他犯罪的;

(二)血液酒精含量达到200毫克/100毫升以上的;

(三)在高速公路、城市快速路上驾驶的;

（四）驾驶载有乘客的营运机动车的；

（五）有严重超员、超载或者超速驾驶，无驾驶资格驾驶机动车，使用伪造或者变造的机动车牌证等严重违反道路交通安全法的行为的；

（六）逃避公安机关依法检查，或者拒绝、阻碍公安机关依法检查尚未构成其他犯罪的；

（七）曾因酒后驾驶机动车受过行政处罚或者刑事追究的；

（八）其他可以从重处罚的情形。

三、醉酒驾驶机动车，以暴力、威胁方法阻碍公安机关依法检查，又构成妨害公务罪等其他犯罪的，依照数罪并罚的规定处罚。

四、对醉酒驾驶机动车的被告人判处罚金，应当根据被告人的醉酒程度、是否造成实际损害、认罪悔罪态度等情况，确定与主刑相适应的罚金数额。

五、公安机关在查处醉酒驾驶机动车的犯罪嫌疑人时，对查获经过、呼气酒精含量检验和抽取血样过程应当制作记录；有条件的，应当拍照、录音或者录像；有证人的，应当收集证人证言。

六、血液酒精含量检验鉴定意见是认定犯罪嫌疑人是否醉酒的依据。犯罪嫌疑人经呼气酒精含量检验达到本意见第一条规定的醉酒标准，在抽取血样之前脱逃的，可以以呼气酒精含量检验结果作为认定其醉酒的依据。

犯罪嫌疑人在公安机关依法检查时，为逃避法律追究，在呼气酒精含量检验或者抽取血样前又饮酒，经检验其血液酒精含量达到本意见第一条规定的醉酒标准的，应当认定为醉酒。

七、办理醉酒驾驶机动车刑事案件，应当严格执行刑事诉讼法的有关规定,切实保障犯罪嫌疑人、被告人的诉讼权利,在法定诉讼期限内及时侦查、起诉、审判。

对醉酒驾驶机动车的犯罪嫌疑人、被告人,根据案件情况,可以拘留或者取保候审。对符合取保候审条件,但犯罪嫌疑人、被告人不能提出保证人,也不交纳保证金的,可以监视居住。对违反取保候审、监视居住规定的犯罪嫌疑人、被告人,情节严重的,可以予以逮捕。

公安部关于加强吸毒人员驾驶机动车管理的通知

公通字〔2012〕35 号

各省、自治区、直辖市公安厅、局，新疆生产建设兵团公安局：

近年来，吸毒人员驾驶机动车引发的交通事故不断增多，给道路交通安全带来重大隐患，特别是江苏省常合高速公路苏州段"4·22"特大交通事故的发生，暴露出吸毒人员驾驶机动车的严重危害性。为有效遏制吸毒人员驾驶机动车违法行为的发生，确保道路交通安全，依照《道路交通安全法》、《禁毒法》及相关法规、规章，现就加强吸毒人员驾驶机动车管理有关问题通知如下：

一、集中排查清理吸毒驾驶人

（一）组织全面排查清理

8月底前，省级公安机关交通管理部门、禁毒部门要组织对本省（区、市）驾驶人进行全面排查清理，将吸毒人员登记信息与驾驶人信息进行集中比对，掌握本地有吸毒记录的驾驶人基本情况和底数。

（二）集中办理驾驶证注销

正在依法执行社区戒毒、强制隔离戒毒和社区康复措施的人员属于吸毒成瘾未戒除人员。公安机关交通管理部门应当在8月底前，通过电话、信函、手机短信等方式通知正在执行社区戒毒、社区康复措施的驾驶人，三十日内到驾驶证核发地车辆管理所申请注销驾驶证。对在规定期限内未主动办理注销业务以及驾驶人正在执行强制隔离戒毒的，车辆管理所应当按照《机动车驾驶证申领和使用规定》（公安部令第 111 号）第四十二条的规定注销其机动车驾驶证，向社会公告机动车驾驶证作废，并通过电话、信函、手机短信等方式告知驾驶人或其代理人。办理注销业务时，应当收存登记吸毒人员信息与驾驶人信息比对记录。驾驶人对注销驾驶证提出异议的，由公安机关交通管理部门会同禁毒部门进行核查。

二、建立吸毒驾驶人核查机制

（一）建立信息共享机制

公安机关交通管理部门和禁毒部门要建立驾驶人数据库与吸毒人员动态管控数据库的关联，实现自动比对功能，及时交换数据信息。公安机关禁毒部门在办案过

程中发现吸毒成瘾未戒除人员持有驾驶证的，应当在三日内将吸毒驾驶人信息交换给交通管理部门。

（二）严格驾驶证申领核查程序

公安机关交通管理部门受理驾驶证申领业务时，要查询、比对登记吸毒人员信息，对发现属于吸毒成瘾未戒除人员的，不予受理申请并说明理由；已受理申请的，应当中止业务，不予核发驾驶证并说明理由。申请人提出异议的，由公安机关交通管理部门会同禁毒部门进行核查。对发现三年内有吸毒行为记录但不属于吸毒成瘾未戒除人员的，由公安机关交通管理部门会同禁毒部门进行核查。

（三）严格业务核查程序

公安机关交通管理部门在办理驾驶证补换证、提交身体条件证明等业务，或者处理交通违法、交通事故时，要查询、比对吸毒人员登记信息，发现属于吸毒成瘾未戒除人员的，车辆管理所要按规定注销驾驶证，并收存登记吸毒人员信息与驾驶人信息比对记录。驾驶人对注销驾驶证提出异议的，由公安机关交通管理

部门会同禁毒部门进行核查。

三、建立重点驾驶人严管机制

（一）从严管理校车驾驶人

公安机关交通管理、禁毒部门要会同教育部门结合贯彻实施《校车安全管理条例》，集中清理、重新核发校车驾驶资格许可。公安机关交通管理部门办理校车驾驶资格许可时，要查询、比对吸毒人员登记信息，对发现有吸毒记录的，不予受理申请；已受理申请的，应当中止业务，不予准许校车驾驶资格。公安机关交通管理部门在道路执勤执法和处理事故中，发现校车驾驶人有吸毒后驾驶机动车违法行为的，要按照《校车安全管理条例》的规定取消其校车驾驶资格。

（二）从严管理客货运驾驶人

公安机关交通管理、禁毒部门要会同道路运输管理机构对现有客货运驾驶人进行集中清理，对大中型客货车和出租车驾驶人因吸毒成瘾未戒除注销驾驶证的，要通报道路运输管理机构和运输企业，取消其营运资格；发现大中型客货车和出租车驾驶人有吸毒行为记录的，要通报道路运输管理机构和运输企业，建议对其加强监管或调整工作岗位。公安机关交通管理部门在办理驾驶证业务、处理交通违法和交通事故时，发现大中型客货车和出租车驾驶人有吸毒行为记录的，按以上规定办理。

四、建立毒驾违法行为查处机制

（一）加大查处毒驾力度

公安机关交通管理部门在道路执勤执法和处理事故时，要加大对吸毒后驾驶机动车违法行为的查处力度，对驾驶人有明显吸毒特征、表现或者有证据表明属于吸毒后驾驶机动车的，要按有关规定进行现场检测，现场检测有困难的，移送禁毒部门或者有吸毒检测资质的实验室、医疗机构进行检测；对发生交通事故的驾驶人,要查询、比对吸毒人登记信息,属于三年内有吸毒行为记录的,要按有关规定进行现场检测,现场检测有困难的,移禁毒部门或者有吸毒检测资质的实验室、医疗机构进行检测。经检测被认定为吸毒后驾驶机动车的,公安机关交通管理部门要按照《道路交通安全法》第九十条的规定进行处罚,同时由本级公安机关依照《治安管理处罚法》、《禁毒法》的规定予以处理。属于吸毒成瘾未戒除人员的,抄告驾驶证核发地车辆管理所,按规定注销驾驶证。

(二)定期开展联合执法

公安机关交通管理部门和禁毒部门要建立联合执法工作机制,定期开展吸毒人员驾驶机动车违法行为专项治理工作。公安机关交通管理部门重点做好车辆拦截、现场调查询问、查询比对信息等工作,禁毒部门重点做好涉嫌吸毒后驾驶机动车人员的现场检测工作。

(三)完善执法工作程序

省级公安机关要制定吸毒人员驾驶机动车违法行为查处程序,明确在道路执勤执法和处理事故过程中甄别驾驶人吸毒特征的方式方法,以及调查询问、查询比对、证据固定等程序。各地公安机关交通管理部门、禁毒部门以及其他有关部门要做好办案衔接,规范涉嫌吸毒后驾驶机动车人员移送检测以及违法处罚的办案程序。

五、建立宣传教育长效工作机制

(一)营造浓厚社会氛围

公安机关交通管理、禁毒部门要将预防和治理"毒驾"问题作为重点内容,积极商请宣传部门,在报纸、电视、广播、网络等媒体广泛宣传吸毒后驾驶机动车的危害性。要加强与新闻媒体的沟通与协作,及时提供新闻素材,对严重的吸毒后驾驶机动车违法行为及时予以曝光，充分发挥新闻媒体的舆论引导作用。

（二）加强驾驶人教育培训

公安机关交通管理部门要在机动车驾驶人考试中增加吸毒后驾驶机动车危害性及应承担的法律责任等相关内容，协调道路运输管理机构将禁毒教育纳入机动车驾驶证申请人的培训。对一个记分周期内记分达到 12 分的机动车驾驶人进行道路交通安全法律、法规和相关知识教育时，增加吸毒后驾驶机动车违法行为危害性的相关内容。公安机关禁毒部门要组织禁毒民警、禁毒工作者、禁毒志愿者，有针对性地加强对有吸毒史驾驶人的教育管理，引导其自觉抵制吸毒后驾驶机动车行为。

（三）加强内部教育培训

公安机关要开展吸毒特征判断识别、吸毒检测技术等专业培训工作，提高交通民警执法能力。要通过举办培训班、座谈会等形式，开展查处吸毒后驾驶机动车违法行为的专题培训和经验交流，编制执法疑难问题应对手册和典型案例，不断提高交通民警发现、查处吸毒后驾驶机动车违法行为的能力。

请各地接此通知后抓紧贯彻落实，执行中遇到问题，请及时报部。

中华人民共和国公安部
二〇一二年七月三十一日

全国普法学习读本
★ ★ ★ ★ ★

>>>>>>>>>

机动车辆管理法律法规学习读本

机动车综合管理法律法规

■ 胡元斌 主编

加大全民普法力度，建设社会主义法治文化，树立宪法法律至上、法律面前人人平等的法治理念。

——中国共产党第十九次全国代表大会《决胜全面建成小康社会 夺取新时代中国特色社会主义伟大胜利》

汕头大学出版社

图书在版编目（CIP）数据

机动车综合管理法律法规 / 胡元斌主编. -- 汕头：汕头大学出版社，2023.4（重印）

（机动车辆管理法律法规学习读本）

ISBN 978-7-5658-3446-2

Ⅰ.①机… Ⅱ.①胡… Ⅲ.①机动车-交通运输管理-法规-中国-学习参考资料 Ⅳ.①D922.144

中国版本图书馆 CIP 数据核字（2018）第 000914 号

机动车综合管理法律法规　JIDONGCHE ZONGHE GUANLI FALÜ FAGUI

主　　编：	胡元斌
责任编辑：	邹　峰
责任技编：	黄东生
封面设计：	大华文苑
出版发行：	汕头大学出版社
	广东省汕头市大学路 243 号汕头大学校园内　邮政编码：515063
电　　话：	0754-82904613
印　　刷：	三河市元兴印务有限公司
开　　本：	690mm×960mm 1/16
印　　张：	18
字　　数：	226 千字
版　　次：	2018 年 1 月第 1 版
印　　次：	2023 年 4 月第 2 次印刷
定　　价：	59.60 元（全 2 册）

ISBN 978-7-5658-3446-2

版权所有，翻版必究

如发现印装质量问题，请与承印厂联系退换

前　言

习近平总书记指出:"推进全民守法,必须着力增强全民法治观念。要坚持把全民普法和守法作为依法治国的长期基础性工作,采取有力措施加强法制宣传教育。要坚持法治教育从娃娃抓起,把法治教育纳入国民教育体系和精神文明创建内容,由易到难、循序渐进不断增强青少年的规则意识。要健全公民和组织守法信用记录,完善守法诚信褒奖机制和违法失信行为惩戒机制,形成守法光荣、违法可耻的社会氛围,使遵法守法成为全体人民共同追求和自觉行动。"

中共中央、国务院曾经转发了中央宣传部、司法部关于在公民中开展法治宣传教育的规划,并发出通知,要求各地区各部门结合实际认真贯彻执行。通知指出,全民普法和守法是依法治国的长期基础性工作。深入开展法治宣传教育,是全面建成小康社会和新农村的重要保障。

普法规划指出:各地区各部门要根据实际需要,从不同群体的特点出发,因地制宜开展有特色的法治宣传教育坚持集中法治宣传教育与经常性法治宣传教育相结合,深化法律进机关、进乡村、进社区、进学校、进企业、进单位的"法律六进"主题活动,完善工作标准,建立长效机制。

特别是农业、农村和农民问题,始终是关系党和人民事业发展的全局性和根本性问题。党中央、国务院发布的《关于推进社会主义新农村建设的若干意见》中明确提出要"加强农村法制建设,深入开展农村普法教育,增强农民的法制观念,提高农民依法行使权利和履行义务的自觉性。"多年普法实践证明,普及法律知识,提高法制观念，增强全社会依法办事意识具有重要作用。特别是在广大农村进行普法教育，是提高全民法律素质的需要。

多年来，我国在农村实行的改革开放取得了极大成功，农村发生了翻天覆地的变化，广大农民生活水平大大得到了提高。但是，由于历史和社会等原因，现阶段我国一些地区农民文化素质还不高，不学法、不懂法、不守法现象虽然较原来有所改变，但仍有相当一部分群众的法制观念仍很淡化，不懂、不愿借助法律来保护自身权益，这就极易受到不法的侵害，或极易进行违法犯罪活动，严重阻碍了全面建成小康社会和新农村步伐。

为此，根据党和政府的指示精神以及普法规划，特别是根据广大农村农民的现状，在有关部门和专家的指导下，特别编辑了这套《全国普法学习读本》。主要包括了广大人民群众应知应懂、实际实用的法律法规。为了辅导学习，附录还收入了相应法律法规的条例准则、实施细则、解读解答、案例分析等；同时为了突出法律法规的实际实用特点，兼顾地方性和特殊性，附录还收入了部分某些地方性法律法规以及非法律法规的政策文件、管理制度、应用表格等内容，拓展了本书的知识范围，使法律法规更"接地气"，便于读者学习掌握和实际应用。

在众多法律法规中，我们通过甄别，淘汰了废止的，精选了最新的、权威的和全面的。但有部分法律法规有些条款不适应当下情况了，却没有颁布新的，我们又不能擅自改动，只得保留原有条款，但附录却有相应的补充修改意见或通知等。众多法律法规根据不同内容和受众特点，经过归类组合，优化配套。整套普法读本非常全面系统，具有很强的学习性、实用性和指导性，非常适合用于广大农村和城乡普法学习教育与实践指导。总之，是全国全民普法的良好读本。

目　　录

机动车交通事故责任强制保险条例

第一章　总　则 …………………………………………（1）
第二章　投　保 …………………………………………（2）
第三章　赔　偿 …………………………………………（5）
第四章　罚　则 …………………………………………（8）
第五章　附　则 …………………………………………（9）
附　录
　　机动车辆保险理赔管理指引 ……………………（11）
　　关于消费者购买机动车辆保险注意事项的公告 …（38）

机动车维修管理规定

第一章　总　则 …………………………………………（41）
第二章　经营许可 ………………………………………（42）
第三章　维修经营 ………………………………………（48）
第四章　质量管理 ………………………………………（50）
第五章　监督检查 ………………………………………（53）
第六章　法律责任 ………………………………………（54）
第七章　附　则 …………………………………………（56）
附　录
　　机动车强制报废标准规定 ………………………（57）
　　家用汽车产品修理、更换、退货责任规定 ………（62）
　　关于进一步加强客货运驾驶人安全管理工作的意见 ………（73）

网络预约出租汽车经营服务管理暂行办法

第一章　总　则 …………………………………………（81）
第二章　网约车平台公司 ………………………………（81）
第三章　网约车车辆和驾驶员 …………………………（84）
第四章　网约车经营行为 ………………………………（85）
第五章　监督检查 ………………………………………（87）
第六章　法律责任 ………………………………………（89）
第七章　附　则 …………………………………………（91）

二手车流通管理办法

第一章　总　则 …………………………………………（92）
第二章　设立条件和程序 ………………………………（93）
第三章　行为规范 ………………………………………（95）
第四章　监督与管理 ……………………………………（98）
第五章　附　则 …………………………………………（99）
附　录
　　二手车交易规范 ……………………………………（100）
　　汽车以旧换新实施办法 ……………………………（109）
　　关于进一步规范二手车市场秩序促进二手车市场
　　健康发展的意见 ……………………………………（117）

道路机动车辆产品检测工作监督管理规定

第一章　总　则 …………………………………………（121）
第二章　检测资格及能力 ………………………………（122）
第三章　检测机构的职责 ………………………………（122）
第四章　监督检查 ………………………………………（123）

目 录

第五章 附 则……………………………………………（125）
附 录
 关于进一步规范排放检验加强机动车环境监督
  管理工作的通知……………………………………（126）
 关于进一步完善机动车停放服务收费政策的指导意见……（132）

机动车交通事故责任强制保险条例

中华人民共和国国务院令

第 618 号

现公布《国务院关于修改〈机动车交通事故责任强制保险条例〉的决定》,自2012年5月1日起施行。

总理　温家宝

二〇一二年三月三十日

(2006年3月21日中华人民共和国国务院令第462号公布;根据2012年3月30日《国务院关于修改〈机动车交通事故责任强制保险条例〉的决定》第一次修订;根据2012年12月17日《国务院关于修改〈机动车交通事故责任强制保险条例〉的决定》第二次修订)

第一章　总　则

第一条　为了保障机动车道路交通事故受害人依法得到赔偿,促进道路交通安全,根据《中华人民共和国道路交通安全法》、

《中华人民共和国保险法》，制定本条例。

第二条 在中华人民共和国境内道路上行驶的机动车的所有人或者管理人，应当依照《中华人民共和国道路交通安全法》的规定投保机动车交通事故责任强制保险。

机动车交通事故责任强制保险的投保、赔偿和监督管理，适用本条例。

第三条 本条例所称机动车交通事故责任强制保险，是指由保险公司对被保险机动车发生道路交通事故造成本车人员、被保险人以外的受害人的人身伤亡、财产损失，在责任限额内予以赔偿的强制性责任保险。

第四条 国务院保险监督管理机构（以下称保监会）依法对保险公司的机动车交通事故责任强制保险业务实施监督管理。

公安机关交通管理部门、农业（农业机械）主管部门（以下统称机动车管理部门）应当依法对机动车参加机动车交通事故责任强制保险的情况实施监督检查。对未参加机动车交通事故责任强制保险的机动车，机动车管理部门不得予以登记，机动车安全技术检验机构不得予以检验。

公安机关交通管理部门及其交通警察在调查处理道路交通安全违法行为和道路交通事故时，应当依法检查机动车交通事故责任强制保险的保险标志。

第二章 投 保

第五条 保险公司经保监会批准，可以从事机动车交通事故责任强制保险业务。

为了保证机动车交通事故责任强制保险制度的实行，保监会有权要求保险公司从事机动车交通事故责任强制保险业务。

未经保监会批准，任何单位或者个人不得从事机动车交通事故责任强制保险业务。

第六条 机动车交通事故责任强制保险实行统一的保险条款和基础保险费率。保监会按照机动车交通事故责任强制保险业务总体上不盈利不亏损的原则审批保险费率。

保监会在审批保险费率时，可以聘请有关专业机构进行评估，可以举行听证会听取公众意见。

第七条 保险公司的机动车交通事故责任强制保险业务，应当与其他保险业务分开管理，单独核算。

保监会应当每年对保险公司的机动车交通事故责任强制保险业务情况进行核查，并向社会公布；根据保险公司机动车交通事故责任强制保险业务的总体盈利或者亏损情况，可以要求或者允许保险公司相应调整保险费率。

调整保险费率的幅度较大的，保监会应当进行听证。

第八条 被保险机动车没有发生道路交通安全违法行为和道路交通事故的，保险公司应当在下一年度降低其保险费率。在此后的年度内，被保险机动车仍然没有发生道路交通安全违法行为和道路交通事故的，保险公司应当继续降低其保险费率，直至最低标准。被保险机动车发生道路交通安全违法行为或者道路交通事故的，保险公司应当在下一年度提高其保险费率。多次发生道路交通安全违法行为、道路交通事故，或者发生重大道路交通事故的，保险公司应当加大提高其保险费率的幅度。在道路交通事故中被保险人没有过错的，不提高其保险费率。降低或者提高保险费率的标准，由保监会会同国务院公安部门制定。

第九条 保监会、国务院公安部门、国务院农业主管部门以及其他有关部门应当逐步建立有关机动车交通事故责任强制保险、道路交通安全违法行为和道路交通事故的信息共享机制。

第十条 投保人在投保时应当选择具备从事机动车交通事故责任强制保险业务资格的保险公司，被选择的保险公司不得拒绝或者拖延承保。

保监会应当将具备从事机动车交通事故责任强制保险业务资格的保险公司向社会公示。

第十一条 投保人投保时，应当向保险公司如实告知重要事项。

重要事项包括机动车的种类、厂牌型号、识别代码、牌照号码、使用性质和机动车所有人或者管理人的姓名（名称）、性别、年龄、住所、身份证或者驾驶证号码（组织机构代码）、续保前该机动车发生事故的情况以及保监会规定的其他事项。

第十二条 签订机动车交通事故责任强制保险合同时，投保人应当一次支付全部保险费；保险公司应当向投保人签发保险单、保险标志。保险单、保险标志应当注明保险单号码、车牌号码、保险期限、保险公司的名称、地址和理赔电话号码。

被保险人应当在被保险机动车上放置保险标志。

保险标志式样全国统一。保险单、保险标志由保监会监制。任何单位或者个人不得伪造、变造或者使用伪造、变造的保险单、保险标志。

第十三条 签订机动车交通事故责任强制保险合同时，投保人不得在保险条款和保险费率之外，向保险公司提出附加其他条件的要求。

签订机动车交通事故责任强制保险合同时，保险公司不得强制投保人订立商业保险合同以及提出附加其他条件的要求。

第十四条 保险公司不得解除机动车交通事故责任强制保险合同；但是，投保人对重要事项未履行如实告知义务的除外。

投保人对重要事项未履行如实告知义务，保险公司解除合同前，应当书面通知投保人，投保人应当自收到通知之日起5日内履行如实告知义务；投保人在上述期限内履行如实告知义务的，保险公司不得解除合同。

第十五条 保险公司解除机动车交通事故责任强制保险合同的,应当收回保险单和保险标志,并书面通知机动车管理部门。

第十六条 投保人不得解除机动车交通事故责任强制保险合同,但有下列情形之一的除外:

(一) 被保险机动车被依法注销登记的;

(二) 被保险机动车办理停驶的;

(三) 被保险机动车经公安机关证实丢失的。

第十七条 机动车交通事故责任强制保险合同解除前,保险公司应当按照合同承担保险责任。

合同解除时,保险公司可以收取自保险责任开始之日起至合同解除之日止的保险费,剩余部分的保险费退还投保人。

第十八条 被保险机动车所有权转移的,应当办理机动车交通事故责任强制保险合同变更手续。

第十九条 机动车交通事故责任强制保险合同期满,投保人应当及时续保,并提供上一年度的保险单。

第二十条 机动车交通事故责任强制保险的保险期间为1年,但有下列情形之一的,投保人可以投保短期机动车交通事故责任强制保险:

(一) 境外机动车临时入境的;

(二) 机动车临时上道路行驶的;

(三) 机动车距规定的报废期限不足1年的;

(四) 保监会规定的其他情形。

第三章 赔 偿

第二十一条 被保险机动车发生道路交通事故造成本车人员、被保险人以外的受害人人身伤亡、财产损失的,由保险公司依法在机动车交通事故责任强制保险责任限额范围内予以赔偿。

道路交通事故的损失是由受害人故意造成的,保险公司不予赔偿。

第二十二条 有下列情形之一的,保险公司在机动车交通事故责任强制保险责任限额范围内垫付抢救费用,并有权向致害人追偿:

(一)驾驶人未取得驾驶资格或者醉酒的;

(二)被保险机动车被盗抢期间肇事的;

(三)被保险人故意制造道路交通事故的。

有前款所列情形之一,发生道路交通事故的,造成受害人的财产损失,保险公司不承担赔偿责任。

第二十三条 机动车交通事故责任强制保险在全国范围内实行统一的责任限额。责任限额分为死亡伤残赔偿限额、医疗费用赔偿限额、财产损失赔偿限额以及被保险人在道路交通事故中无责任的赔偿限额。

机动车交通事故责任强制保险责任限额由保监会会同国务院公安部门、国务院卫生主管部门、国务院农业主管部门规定。

第二十四条 国家设立道路交通事故社会救助基金(以下简称救助基金)。有下列情形之一时,道路交通事故中受害人人身伤亡的丧葬费用、部分或者全部抢救费用,由救助基金先行垫付,救助基金管理机构有权向道路交通事故责任人追偿:

(一)抢救费用超过机动车交通事故责任强制保险责任限额的;

(二)肇事机动车未参加机动车交通事故责任强制保险的;

(三)机动车肇事后逃逸的。

第二十五条 救助基金的来源包括:

(一)按照机动车交通事故责任强制保险的保险费的一定比例提取的资金;

(二)对未按照规定投保机动车交通事故责任强制保险的机动车的所有人、管理人的罚款;

（三）救助基金管理机构依法向道路交通事故责任人追偿的资金；

（四）救助基金孳息；

（五）其他资金。

第二十六条　救助基金的具体管理办法，由国务院财政部门会同保监会、国务院公安部门、国务院卫生主管部门、国务院农业主管部门制定试行。

第二十七条　被保险机动车发生道路交通事故，被保险人或者受害人通知保险公司的，保险公司应当立即给予答复，告知被保险人或者受害人具体的赔偿程序等有关事项。

第二十八条　被保险机动车发生道路交通事故的，由被保险人向保险公司申请赔偿保险金。保险公司应当自收到赔偿申请之日起1日内，书面告知被保险人需要向保险公司提供的与赔偿有关的证明和资料。

第二十九条　保险公司应当自收到被保险人提供的证明和资料之日起5日内，对是否属于保险责任作出核定，并将结果通知被保险人；对不属于保险责任的，应当书面说明理由；对属于保险责任的，在与被保险人达成赔偿保险金的协议后10日内，赔偿保险金。

第三十条　被保险人与保险公司对赔偿有争议的，可以依法申请仲裁或者向人民法院提起诉讼。

第三十一条　保险公司可以向被保险人赔偿保险金，也可以直接向受害人赔偿保险金。但是，因抢救受伤人员需要保险公司支付或者垫付抢救费用的，保险公司在接到公安机关交通管理部门通知后，经核对应当及时向医疗机构支付或者垫付抢救费用。

因抢救受伤人员需要救助基金管理机构垫付抢救费用的，救助基金管理机构在接到公安机关交通管理部门通知后，经核对应当及时向医疗机构垫付抢救费用。

第三十二条　医疗机构应当参照国务院卫生主管部门组织制定

的有关临床诊疗指南，抢救、治疗道路交通事故中的受伤人员。

第三十三条　保险公司赔偿保险金或者垫付抢救费用，救助基金管理机构垫付抢救费用，需要向有关部门、医疗机构核实有关情况的，有关部门、医疗机构应当予以配合。

第三十四条　保险公司、救助基金管理机构的工作人员对当事人的个人隐私应当保密。

第三十五条　道路交通事故损害赔偿项目和标准依照有关法律的规定执行。

第四章　罚　则

第三十六条　未经保监会批准，非法从事机动车交通事故责任强制保险业务的，由保监会予以取缔；构成犯罪的，依法追究刑事责任；尚不构成犯罪的，由保监会没收违法所得，违法所得20万元以上的，并处违法所得1倍以上5倍以下罚款；没有违法所得或者违法所得不足20万元的，处20万元以上100万元以下罚款。

第三十七条　保险公司未经保监会批准从事机动车交通事故责任强制保险业务的，由保监会责令改正，责令退还收取的保险费，没收违法所得，违法所得10万元以上的，并处违法所得1倍以上5倍以下罚款；没有违法所得或者违法所得不足10万元的，处10万元以上50万元以下罚款；逾期不改正或者造成严重后果的，责令停业整顿或者吊销经营保险业务许可证。

第三十八条　保险公司违反本条例规定，有下列行为之一的，由保监会责令改正，处5万元以上30万元以下罚款；情节严重的，可以限制业务范围、责令停止接受新业务或者吊销经营保险业务许可证：

（一）拒绝或者拖延承保机动车交通事故责任强制保险的；

（二）未按照统一的保险条款和基础保险费率从事机动车交通

事故责任强制保险业务的；

（三）未将机动车交通事故责任强制保险业务和其他保险业务分开管理，单独核算的；

（四）强制投保人订立商业保险合同的；

（五）违反规定解除机动车交通事故责任强制保险合同的；

（六）拒不履行约定的赔偿保险金义务的；

（七）未按照规定及时支付或者垫付抢救费用的。

第三十九条 机动车所有人、管理人未按照规定投保机动车交通事故责任强制保险的，由公安机关交通管理部门扣留机动车，通知机动车所有人、管理人依照规定投保，处依照规定投保最低责任限额应缴纳的保险费的 2 倍罚款。

机动车所有人、管理人依照规定补办机动车交通事故责任强制保险的，应当及时退还机动车。

第四十条 上道路行驶的机动车未放置保险标志的，公安机关交通管理部门应当扣留机动车，通知当事人提供保险标志或者补办相应手续，可以处警告或者 20 元以上 200 元以下罚款。

当事人提供保险标志或者补办相应手续的，应当及时退还机动车。

第四十一条 伪造、变造或者使用伪造、变造的保险标志，或者使用其他机动车的保险标志，由公安机关交通管理部门予以收缴，扣留该机动车，处 200 元以上 2000 元以下罚款；构成犯罪的，依法追究刑事责任。

当事人提供相应的合法证明或者补办相应手续的，应当及时退还机动车。

第五章　附　则

第四十二条 本条例下列用语的含义：

（一）投保人，是指与保险公司订立机动车交通事故责任强制保险合同，并按照合同负有支付保险费义务的机动车的所有人、管理人。

（二）被保险人，是指投保人及其允许的合法驾驶人。

（三）抢救费用，是指机动车发生道路交通事故导致人员受伤时，医疗机构参照国务院卫生主管部门组织制定的有关临床诊疗指南，对生命体征不平稳和虽然生命体征平稳但如果不采取处理措施会产生生命危险，或者导致残疾、器官功能障碍，或者导致病程明显延长的受伤人员，采取必要的处理措施所发生的医疗费用。

第四十三条　挂车不投保机动车交通事故责任强制保险。发生道路交通事故造成人身伤亡、财产损失的，由牵引车投保的保险公司在机动车交通事故责任强制保险责任限额范围内予以赔偿；不足的部分，由牵引车方和挂车方依照法律规定承担赔偿责任。

第四十四条　机动车在道路以外的地方通行时发生事故，造成人身伤亡、财产损失的赔偿，比照适用本条例。

第四十五条　中国人民解放军和中国人民武装警察部队在编机动车参加机动车交通事故责任强制保险的办法，由中国人民解放军和中国人民武装警察部队另行规定。

第四十六条　机动车所有人、管理人自本条例施行之日起3个月内投保机动车交通事故责任强制保险；本条例施行前已经投保商业性机动车第三者责任保险的，保险期满，应当投保机动车交通事故责任强制保险。

第四十七条　本条例自2006年7月1日起施行。

附 录

机动车辆保险理赔管理指引

中国保险监督管理委员会关于印发
《机动车辆保险理赔管理指引》的通知
监发〔2012〕15号

各保监局、各财产保险公司、中国保险行业协会：

为贯彻落实全国保险监管工作会关于"抓服务、严监管、防风险、促发展"的总体要求和《中国保监会关于加强和改进财产保险理赔服务质量的意见》（保监发〔2012〕5号，以下简称《意见》）的原则精神，规范财产保险公司车险经营行为，切实保护保险消费者的合法权益，我会制定了《机动车辆保险理赔管理指引》（以下简称《指引》），现印发你们，并就有关事项通知如下：

一、保险公司应高度重视车险理赔管理工作，强化基础管理，提升理赔服务能力

（一）加强车险理赔管理制度建设，加大理赔资源配置力度，夯实理赔服务基础。

1. 公司应建立完整统一的车险理赔组织管理、赔案管理、数据管理、运行保障等制度，加强理赔运行管理、资源配置、流程管控、服务标准及服务体系建设。

2. 公司应根据理赔管理、客户服务和业务发展需要，

制定理赔资源配置方案及理赔服务方案，明确理赔资源和其他业务资源配比，确保理赔资源配备充足。不能满足上述要求的，应暂缓业务发展速度，控制业务规模。鼓励中小公司创新服务模式。

3. 公司应制定覆盖车险理赔全流程的管理制度和操作规范。按照精简高效的原则，对接报案、调度、查勘、立案、定损（估损）、人身伤亡跟踪（调查）、报核价、核损等各环节的工作流程和操作办法进行统一规范，逐步实现理赔管理和客户服务规范化和标准化。

（二）加强信息化建设，充分运用信息化手段实现车险理赔集中统一管理。

1. 公司应按照车险理赔集中统一管理原则，实现全国或区域接报案集中，以及对核损、核价、医疗审核、核赔等理赔流程关键环节的总公司集中管控。

2. 公司理赔信息系统数据库应建立在总公司。总公司不得授予省级分公司程序修改权和数据修改权。所有程序及数据的修改应保存审批及操作记录，以确保数据真实、准确、规范。

3. 公司理赔信息系统应与接报案系统、承保系统、再保险系统、财务系统数据实现集成管理、无缝对接，并实现对理赔全流程运行的管控。

（三）建立科学合理的理赔考核监督机制，加强对理赔服务质量考核。

1. 公司应加强对理赔管理和客户服务的监督管理，加强对理赔案件处理的监督考核，严防人为操控导致的拖赔惜赔、无理拒赔。

2. 公司应健全完善科学有效的理赔管理和客户服务考核监督体系，将理赔服务客户满意度纳入考核体系中。

不得单纯考核赔付率、变相压低赔偿金额而影响理赔服务质量、损害消费者合法权益。

3. 公司应建立客户回访制度、信访投诉处理机制及争议调处机制，向社会公布理赔投诉电话，接受社会监督。对理赔中出现的争议要注重通过调解来解决。

4. 公司应定期或不定期开展理赔质量现场或非现场专项检查，包括对各级机构理赔服务的规范性、理赔服务效率、理赔关键举措、赔案质量、特殊案件处理、理赔费用列支等进行专项检查或评估。

（四）提高服务质量和水平，强化服务创新意识，提升社会满意度。

1. 公司应建立统一的理赔流程，明确理赔时效和理赔服务标准，并通过网络等多种形式向社会公开承诺。要不断提升理赔服务水平，通过必要的手段和机制保证理赔服务承诺落到实处。要创新服务形式，采取上门收取单证、提供救援车辆等方式加强服务，并通过客户服务回访、客户满意度调查等多种方式对理赔服务质量进行监督检查。

2. 公司应确保客户自由选择维修单位的权利，不得强制指定或变相强制指定车辆维修单位。要监督维修单位使用经有关部门认证企业生产、符合原厂技术规范和配件性能标准、质量合格的配件进行维修，协助客户跟踪维修质量与进度。

3. 公司应建立异地理赔管理制度和考核奖惩办法。按照"异地出险，就地理赔"的原则，建立信息管理系统和网络，搭建省间代查勘、代定损、代赔付操作平台，确保全国理赔服务标准规范统一。

4. 公司在加强理赔管理防范骗赔的同时，应落实理赔服务承诺，不得以打击车险骗赔等为由，降低车险理赔服务质量。

二、保险行业协会要统筹协调，提升行业理赔服务水平

（一）中国保险行业协会要进一步细化行业车险理赔规范，积极探索理赔纠纷争议调处机制，通过自律公约、制定行业理赔服务和客户服务标准等形式提升行业车险理赔服务质量和水平。

（二）中国保险行业协会要加快推进车险信息平台建设，利用信息化手段细化管理要求，实现系统管控。要集中行业力量，逐步研究探索建立配件价格、修理工时、工时费率行业标准。

（三）中国保险行业协会要逐步探索实施行业统一的理赔人员从业资格、培训考试、考核评级等制度，建立理赔人员信息库。

（四）各地保险行业协会应在行业基础规范和标准的基础上，根据本地区区域、自然环境、道路交通情况等因素确定各理赔环节的基本服务效率标准。

（五）各地保险行业协会应就加强理赔服务，积极组织公司与相关的汽车修理企业、医疗机构、残疾鉴定机构、公估机构等进行沟通协调，加强行业间协作。

三、保险监管部门要加强监管，督促落实，切实维护消费者合法权益

（一）各保监局应指导监督行业协会根据本地区区域、自然环境、道路交通情况等因素细化各理赔环节的基本服务效率标准。

（二）各保监局应指导行业协会定期组织开展质量评价和信息披露工作，加强对辖区内各保险机构理赔服务质量评价和信息披露工作的指导监督，通过加大信息披露力

度，引导消费者理性选择保险机构。

（三）各保监局在本通知基础上，应结合本地区实际进一步细化要求，规范操作，指导各地行业协会落实《指引》要求，切实保护被保险人合法权益。

（四）各保监局要督促辖区内保险机构认真贯彻执行关于理赔管理和客户服务的监管政策和要求。对恶意拖赔、惜赔、无理拒赔和消费者反映强烈的保险机构，要依法加大查处力度，加大信息披露力度，将处罚情况定期向社会公布，切实保护保险消费者的利益。

各公司应严格按照《指引》要求进行自查，结合《意见》精神尽快完善制度，并迅速向社会公开承诺理赔时效、理赔服务质量和标准，公布投诉电话及争议调处机制。2012年5月底前将自查情况和整改落实方案（包括完成时限及责任人）、理赔服务承诺和落实方案（包括责任人）上报保监会财产保险监管部。

我会将进一步完善车险理赔服务质量评价体系，统一评价指标，规范评价口径和标准，探索建立理赔服务质量评价和信息披露的长效机制。对总公司内部管理薄弱、理赔管理粗放、严重侵犯消费者权益的，我会将在依法从重处罚违法违规行为的基础上，进一步采取对总公司下发监管函、将总公司列为重点监管公司、限制批设分支机构等措施。

中国保险监督管理委员会
二〇一二年二月二十一日

第一章 总则

第一条 为维护被保险人合法权益，规范财产保险公司（以下简称"公司")机动车辆保险(以下简称"车险")经营行为，控制经营风险，提升行业理赔管理服务水平，促进行业诚信建设，根据《中华人民共和国保险法》及相关法律法规制订《机动车辆保险理赔管理指引》(以下简称《指引》)。

第二条 本《指引》所称公司，是指在中华人民共和国境内依法经营车险的财产保险公司，包括中资保险公司、中外合资保险公司、外商独资保险公司以及外资保险公司在华设立的分公司。

第三条 本《指引》中的车险理赔是指公司收到被保险人出险通知后，依据法律法规和保险合同，对有关事故损失事实调查核实，核定保险责任并赔偿保险金的行为，是保险人履行保险合同义务的体现。

第四条 车险理赔一般应包括报案受理、调度、查勘、立案、定损（估损）、人身伤亡跟踪（调查）、报核价、核损、医疗审核、资料收集、理算、核赔、结销案、赔款支付、追偿及损余物资处理、客户回访、投诉处理以及特殊案件处理等环节。

第五条 公司应制定完整统一的车险理赔组织管理、赔案管理、数据管理、运行保障管理等制度，搭建与业务规模、风险控制、客户服务相适应的理赔管理、流程控制、运行管理及服务体系。

第六条 公司车险理赔管理及服务应遵循以下原则：

（一）强化总公司集中统一的管理、控制和监督；

（二）逐步实现全过程流程化、信息化、规范化、标准化、一致性的理赔管理服务模式；

（三）建立健全符合合规管理及风险防范控制措施的理赔管理、风险控制、客户服务信息管理系统；

（四）确保各级理赔机构人员合理分工、职责明确、责任清晰、监督到位、考核落实；

（五）理赔资源配置要兼顾成本控制、风险防范、服务质量和效率。

第七条 本《指引》明确了公司在车险理赔管理中应达到的管理与服务的基本要求。公司与客户之间的权利义务关系应以《保险法》及相关法律法规和保险合同条款为准。

第八条 中国保险监督管理委员会及其派出机构依法对公司车险理赔实施监督检查，并可向社会公开《指引》的有关执行情况。

第二章 理赔管理

第一节 组织管理和资源配置

第九条 公司应建立健全车险理赔组织管理制度。明确理赔管理架构、管理机制、工作流程及各环节操作规范，明确各类理赔机构和人员的工作职责及权限、考核指标、标准及办法。明确理赔关键环节管理机制、关键岗位人员管理方式。明确理赔岗位各相关人员资格条件，建立理赔人员培训考试及考核评级制度，制订与业务规模、理赔管理和客户服务需要相适应的理赔资源配置办法等。

第十条 公司应按照车险理赔集中统一管理原则，建立完整合理的车险理赔组织架构，有效满足业务发展、理赔管理及客户服务需要。

（一）集中统一管理原则是指总公司统一制定理赔管理制度、规范理赔服务流程及标准，完善监督考核机制，应实现全国或区域接报案集中，以及对核损、核价、医疗审核、核赔等理赔流程关键环节和关键数据修改的总公司集中管控。

（二）完整合理的理赔组织架构，应将理赔管理职能、理赔操作职能以及客户服务职能分开设置，形成相互协作、相互监督的有效管理机制。

鼓励总公司对理赔线实行人、财、物全部垂直化管理。

第十一条 公司应制定严格管控措施和 IT 系统管控手段，强化关键岗位和关键环节的集中统一管理、监督和控制。

对核损、核价、医疗审核、核赔等关键岗位人员，应逐步实行总公司自上而下垂直管理，统一负责聘用、下派、任命、考核、薪酬发放、职务变动以及理赔审核管理权限授予等。

第十二条 对分支机构实行分类授权理赔管理，应充分考虑公司业务规模、经营效益、管理水平、区域条件等，可以选择"从人授权"和"从机构授权"方式。从机构授权只限于总公司对省级分公司的授权。

"从人授权"应根据理赔人员专业技能、考试评级结果授予不同金额、不同类型案件的审核权限；"从机构授权"应根据分支机构的经营管理水平、风险控制能力、经营效益以及服务需求授予不同理赔环节和内容的管理权限。

鼓励公司采取"从人授权"方式，加强专业化管理。

第十三条 公司应针对不同理赔岗位风险特性，制订严格岗位互掣制度。

核保岗位不得与核损、核价、核赔岗位兼任。同一赔案中，查勘、定损与核赔岗位，核损与核赔岗位之间不得兼任。在一定授权金额内，查勘、定损与核损岗位，理算与核赔岗位可兼任，但应制定严格有效的事中、事后抽查监督机制。

第十四条 公司应根据理赔管理、客户服务和业务发展需要，充分考虑业务规模、发展速度及地域特点，拟定理赔资源配置方案，明确理赔资源和业务资源配比。保证理赔服务场所、理赔服务工具、理赔信息系统、理赔人员等资源配备充足。

（一）在设有营销服务部以上经营机构地区

1. 应设立固定理赔服务场所或在营业场所内设立相对独立理赔服务区域，接受客户上门查勘定损、提交索赔材料。理赔服务场所数量应根据业务规模、案件数量以及服务半径合理设置、科学布局。理赔服务场所应保证交通便利、标识醒目。公司应对外公布理赔服务场所地址、电话。

2. 各地保险行业协会应根据本地区地域、自然环境、道路交通情况等因素确定各理赔环节的基本服务效率标准，各公司应保证各岗位理赔人员、理赔服务工具的配备满足上述标准要求。

（二）在未设分支机构地区

公司应制定切实可行的理赔服务方案，保证报案电话畅通，采取委托第三方等便捷方式为客户提供及时查勘、定损和救援等服务。在承保时，应向客户明确说明上述情况，并告知理赔服务流程。

不能满足上述要求的，公司应暂缓业务发展速度，控制业务规模。

第十五条 公司应建立各理赔岗位职责、上岗条件、培训、考核、评级、监督等管理制度和机制，建立理赔人员技术培训档案及服务投诉档案，如实记录理赔人员技能等级、培训考核情况和服务标准执行情况。

鼓励保险行业协会逐步探索实施行业统一的理赔人员从业资格、培训考试、考核评级等制度，建立理赔人员信息库。

第十六条 公司应对理赔人员进行岗前、岗中、晋级培训并考试。制定详实可行的培训计划和考核方案，保证基本培训时间、质量和效果。

（一）岗前培训：各岗位人员上岗前应参加岗前培训和考核，培训时间不应少于60小时，考试合格后可上岗工作；

（二）岗中培训：公司应通过集中面对面授课、视频授课等形式，对各岗位人员进行培训。核损、核价、医疗审核、核赔人员每年参加培训时间不应少于100小时，其他岗位人员每年参加培训时间不应少于50小时；

（三）晋级培训：各岗位人员晋级或非核损、核价、医疗审核、核赔岗位人员拟从事核损、核价、医疗审核、核赔岗位的，应经过统一培训和考试，合格后可晋级。

第二节 赔案管理

第十七条 公司应制定覆盖车险理赔全过程的管理制度和操作

规范。按照精简高效原则，对接报案、调度、查勘、立案、定损（估损）、人身伤亡跟踪（调查）、报核价、核损、医疗审核、资料收集、理算、核赔、结销案、赔款支付、追偿及损余物资处理、客户回访、投诉处理以及特殊案件处理等各环节的工作流程和操作办法进行统一规范，逐步实现标准化、一致性的理赔管理和客户服务。

为防范风险，提高工作质量和效率，理赔处理各环节衔接点要严格规范，前后各环节间应形成必要的相互监督控制机制。

第十八条　公司应建立严格的未决赔案管理制度。规范未决赔案管理流程，准确掌握未决赔案数量及处理进度；监督促进提升理赔处理时效。根据未决赔案估损及估损调整管理规则确定估损金额，确保未决赔款准备金准确计提，真实反映负债和经营结果。

第十九条　公司应制订报核价管理制度。建立或采用科学合理的汽车零配件价格标准，做好零配件价格信息维护和本地化工作。

行业协会应积极推动保险行业与汽车产业链相关行业共同研究建立科学、合理的维修配件和工时系数标准化体系。

第二十条　公司应建立特殊案件管理制度。对案件注销、注销恢复、重开赔案、通融赔案、拒赔案件、预付赔款、规定范围内的诉讼案件、追偿赔案及其它特殊案件的审核和流程进行规范，并将审批权限上收到总公司。

第二十一条　公司应建立反欺诈管理制度。总公司及分支机构应建立自上而下、内外部合作、信息共享的反欺诈专职团队。对重点领域和环节通过在理赔信息系统中设立欺诈案件和可疑赔案筛查功能加大反欺诈预防查处力度。建立投诉、举报、信访处理机制和反欺诈奖励制度，向社会公布理赔投诉电话。

有条件的地区应建立本地区保险行业内联合反欺诈处理（或信息共享）机制或保险行业与当地公安机关联合反欺诈处理（或信息共享）机制。

第二十二条　公司应建立异地理赔管理制度和考核奖惩办法。按照"异地出险，就地理赔"原则，建立信息管理系统和网络，搭建省间代查勘、代定损、代赔付操作平台，规范实务流程和操作规则，做好跨省间客户投诉管理工作，确保全国理赔服务标准规范统一。

第三节　数据管理

第二十三条　公司应建立支撑车险理赔管理、风险控制及客户服务全流程化业务处理及信息管理系统。系统间实现无缝连接，无人工干预，实时数据传送处理，避免数据漏失、人工调整及时滞差异。

第二十四条　公司应制定数据质量管理制度。加强理赔与承保、财务间数据规范性、准确性和及时性的管理监督，使业务、财务数据归集、统计口径保持一致。公司应对数据质量定期监控与考评，对疑问数据及时通报。

第二十五条　公司应规范理赔各环节间数据管理。明确数据间勾稽关系，做到历史数据可追溯，对日常数据日清日结。应确定数据维护流程、使用性质和查询范围。应制定数据标准化推行制度。对异常（风险）数据设立基础考察观测项目，根据管理控制的重点适时调整考察观测项目。

疑问数据修改应依法合规，严格修改规范。疑问数据应及时整改，整改时应充分考虑整改方案是否合理以及是否会引发其它数据质量问题，严禁随意修改。

第二十六条　公司应建立内部各部门、各地区间必要的信息交流沟通机制。根据理赔数据管理情况，实现理赔部门与产品、承保、财务、精算、法律和客户服务等相关部门间沟通及信息反馈。

建立信息平台地区，公司应及时向信息平台上传理赔信息，确保上传信息与核心业务系统信息完整一致。

第四节　运行保障

第二十七条　公司应建立理赔费用管理制度，严格按照会计制度规定，规范直接理赔费用和间接理赔费用管理。理赔费用分摊应科学、合理并符合相关规定。

直接理赔费用要严格按照列支项目和原始凭证、材料，如实列支，审批权应集中到省级或以上机构，并按照直接理赔费用占赔款的一定比例监控；间接理赔费用要制定严格的间接理赔费用预算管理、计提标准、列支项目、列支审核以及执行监督制度，间接理赔费用的列支项目和单笔大额支出应规定严格的审批流程等。

公司应将理赔费用纳入考核政策，对各级机构形成约束。

第二十八条　公司应制定未决赔款准备金管理制度。根据未决赔款数据准确估算未决赔款准备金，建立理赔与精算的联合估算规则，要真实、准确、及时反映车险经营状况，有效预警经营风险，保证经营稳定。

第二十九条　公司应加强对合作单位管理，包括合作修理厂、合作医疗机构、医疗评残机构、公估机构以及其他保险中介机构的管理。

（一）公司在选择合作单位时，应保证公正、公平、公开原则，维护被保险人、受害人以及保险人的合法权益，依法选择，严格管理，建立准入、考核、监督及退出机制。

（二）公司应保证客户自由选择维修单位的权利，不得强制指定或变相强制指定车辆维修单位。

公司选择合作修理厂，应与经过规定程序产生的车辆维修单位签订维修合作协议。承修方要保证维修质量、维修时间达到客户满意，保险公司应协助客户跟踪维修质量与进度。

保险行业协会应积极协调组织公司就保险理赔服务有关工作与汽车修理厂、医疗机构、医疗评残机构、公估机构等相关单位沟通协调，加强行业间协作。

（三）严格理赔权限管理

1. 公司严禁将核损、核价、医疗审核、核赔等关键岗位理赔权限授予合作单位等非本公司系统内的各类机构或人员。

2. 原则上不允许合作单位代客户报案，代保险公司查勘、定损（专业公估机构除外），代客户领取赔款。

第三十条 公司应制定防灾防损制度，包括控制保险标的风险，抗御灾害及应对突发事件办法，降低保险事故发生频率和减少事故损失程度技能，增强为客户服务能力。

第三十一条 公司应建立客户投诉管理制度。对客户投诉渠道、投诉信息、投诉受理人、建议解决措施、投诉结果反馈、投诉结果归档、投诉处理的监督考核等规范管理。

第三十二条 公司应建立客户回访制度，对出险客户回访量、回访类型、回访内容、问题处置流程、解决问题比率、回访统计分析与反馈、回访结果归档，回访质量监督考核办法等进行规范管理。

第三十三条 公司应建立绩效考核机制。科学设计理赔质量指标体系，制定绩效考核管理办法。

理赔质量指标体系应包括客户服务满意度、投诉率、投诉处理满意度等客户服务类指标，案均结案时长、结案率等理赔效率类指标，估损偏差率、限时立案率、未决发展偏差率、服务质量、数据质量等理赔管理类指标以及赔付率、案均赔款、理赔费用等理赔成本类指标。公司应加强对理赔质量整体考核监管，不得单纯考核赔付率，不合理压低赔偿金额，损害消费者权益，影响理赔服务质量。

第三十四条 公司应定期或不定期开展理赔质量现场或非现场专项检查，包括对理赔服务、理赔关键举措、赔案质量、特殊案件处理、理赔费用列支等问题专项检查或评估。在日常赔案管理中，总公司应加强对分支机构理赔质量的常规检查和远程非现场检查监督，必要时可进行理赔效能专项检查。

第三十五条 公司应严格遵守各项法律法规，忠实履行保险合同义务。诚实守信、合法经营，禁止下列行为：

（一）理赔人员"吃、拿、卡、要"、故意刁难客户，或利用权力谋取个人私利；

（二）利用赔案强制被保险人提前续保；

（三）冒用被保险人名义缮制虚假赔案；

（四）无正当理由注销赔案；

（五）错赔、惜赔、拖赔、滥赔；

（六）理赔人员与客户内外勾结采取人为扩大损失等非法手段骗取赔款，损害公司利益的行为；

（七）其他侵犯客户合法权益的失信或违法违规行为。

第三章 流程控制

第一节 理赔信息系统

第三十六条 公司应以支持公司理赔全过程、流程化、规范化、标准化运行管控为目标，统一规划、开发、管理和维护理赔信息系统。

第三十七条 理赔流程中关键风险点的合规管控要求，应内嵌入理赔信息系统，并通过信息系统控制得以实现。

理赔信息系统操作应与理赔实务相一致，并严格规范指导实际操作。

第三十八条 公司应保证所有理赔案件处理通过理赔信息系统，实现全流程运行管控。严禁系统外处理赔案。

第三十九条 理赔信息系统数据库应建立在总公司。总公司不得授权省级分公司程序修改权和数据修改权。所有程序、数据的修改应保存审批及操作记录。

严禁将理赔信息系统数据库建立在省级及省级以下分支机构。

第四十条 公司理赔信息系统的功能设置应满足内控制度各项要求，至少应包括以下内容：

（一）理赔信息系统应与接报案系统、承保系统、再保险系统、财务系统数据实现集成管理，无缝对接。通过公司行政审批系统审批的案件信息应该自动对接到理赔系统，如果不能自动对接，应将行政审批意见扫描并上传至理赔系统中。

（二）理赔信息系统应实现理赔全流程管控，至少包括接报案、调度、查勘、立案、定损（估损）、人身伤亡跟踪（调查）、报核价、核损、医疗审核、资料收集、理算、核赔、结销案、赔款支付、追偿及损余物资处理、客户回访、投诉处理以及特殊案件处理等必要环节及完整的业务处理信息。理赔信息系统应实时准确反映各理赔环节、岗位的工作时效。

（三）理赔信息系统应能对核损、报核价、医疗审核、核赔等重要环节实现分级授权设置，系统按照授权规则自动提交上级审核；未经最终核损人审核同意，理赔系统不能打印损失确认书。未经最终核赔人审核同意，理赔系统不得核赔通过，财务系统不得支付赔款。

（四）理赔信息系统应按法律法规及条款约定设定理算标准及公式。

（五）理赔信息系统中不得单方面强制设置保险条款以外的责任免除、赔款扣除等内容。

（六）理赔信息系统数据应保证完整、真实并不能篡改。

（七）理赔信息系统应设置反欺诈识别提醒功能，对出险时间与起保或终止时间接近、保险年度内索赔次数异常等情况进行提示。

（八）理赔信息系统可在各环节对采集到的客户信息进行补充修正，确保客户信息真实、准确、详实。

（九）理赔信息系统应具备影像存储传输功能，逐步实现全程电子化单证，推行无纸化操作；鼓励公司使用远程视频传输系统功能。

（十）理赔信息系统可对符合快速处理条件的赔案适当简化流程。

（十一）理赔信息系统应加强对一人多岗的监控，严禁使用他人工号。

第四十一条 公司应制订应急处理机制，保证系统故障时接报案等理赔服务工作及时有序进行。

第二节 接报案

第四十二条 公司应实行接报案全国或区域统一管理模式，不得将接报案统一集中到省级或以下机构管理。所有车险理赔案件必须通过系统接报案环节录入并生成编号后方可继续下一流程。

第四十三条 公司应建立有效报案甄别机制，通过接报案人员采用标准话术详细询问、接报案受理后及时回访等方法，逐步减少无效报案。

第四十四条 报案时间超过出险时间48小时的，公司应在理赔信息系统中设定警示标志，并应录入具体原因。公司应对报案时间超过出险时间15天的案件建立监督审核机制。

第四十五条 接报案时，理赔信息系统应自动查询并提示同一保单项下或同一车辆的以往报案记录，包括标的车辆作为第三者车辆的案件记录。对30天内多次报案的应设警示标志，防止重复报案并降低道德风险。

第四十六条 公司应积极引导被保险人或肇事司机直接向保险公司报案。对由修理单位等机构或个人代被保险人报案的，公司应要求其提供被保险人真实联系方式，并向被保险人核实。同时，公司应在后续理赔环节中通过查验被保险人有效身份证件或与被保险人见面方式对案件进行核实。

第四十七条 公司接报案受理人员应仔细询问并记录报案信息，报案记录应尽可能详尽，至少应包括以下内容：保单信息、出险车辆信息、被保险人信息、报案人信息、驾驶员信息、出险情况、损失情况、事故处理及施救等情况。

完成报案记录后，接报案人员或查勘人员要及时向报案人或被保险人详细明确说明理赔处理流程和所需证明材料等有关事项。

为方便客户了解赔偿程序和索赔要领，公司应向客户提供多渠道、多方式解释说明。

第三节 调 度

第四十八条 公司应建立完善、科学的调度体系，利用信息化手段准确调度，提高效率。

第四十九条 公司应通过调度系统实时掌握理赔人员、理赔车辆、理赔任务的工作状态。

第四节 查 勘

第五十条 公司应通过移动终端、远程控制或双人查勘等方式确保现场查勘信息真实。对重大、可疑赔案，应双人、多人查勘。

公司应加大对疑难重大案件复勘力度，并对第一现场、复勘现场、无现场查勘方式进行统计。

公司应建立查勘应急处理机制，防范并妥善处理突发大案或案件高峰期可能出现的查勘资源配置不到位。

第五十一条 理赔案件查勘报告应真实客观反映查勘情况，查勘报告重要项目应填写完整规范。重要项目至少应包括：出险车辆信息、驾驶员信息、事故成因、经过和性质、查勘时间、地点、内容、人员伤亡情况、事故车辆损失部位、程度等情况、查勘人员签名等。

现场照片应清楚反映事故全貌和损失情况。公司应采取技术手段防止或识别数码相片的修改。

查勘信息应及时录入理赔系统，超过规定时限的，应提交上级管理人员，对查勘人员进行考核处罚。

第五十二条 查勘人员应详细记录客户信息，了解事故情况，进行调查取证。

查勘人员应向客户递交书面"索赔须知"，并进行必要讲解，提示客户及时提出索赔申请。"索赔须知"至少应包括：索赔程序指引、索赔需提供的资料、理赔时效承诺、理赔投诉电话、理赔人员信息、理赔信息客户自主查询方式方法以及其他注意事项等。

第五十三条 公司查勘人员应在查勘环节收集真实完整的客户信息，并在后续环节中不断完善补充。

第五十四条 公司应对委托外部机构查勘严格管理。公司应制定外部合作机构资质标准，并与委托查勘机构签订合作协议。分支机构委托外部机构查勘的，应经总公司审批授权。

第五十五条 鼓励公司印制防伪易碎贴或防伪易碎封签（标签），加贴于特定部位，防止损坏配件被恶意替换，并加强配件残值管理处置。主要用于以下方面：

（一）第一现场估损符合自动核价条件的，对需要回收残值的配件加贴。

（二）第一现场不能估损的案件，对外表损坏配件加贴，对易产生替换和可能损坏的配件加贴；对需监督拆解车辆，在拆解关键点加贴。

（三）水损事故中对损失与否不能确认的配件，如电脑板等加贴。

第五十六条 公司应严格按照《保险法》及相关法律法规和保险合同的约定，在法律规定时限内，核定事故是否属于保险责任。情形复杂的，应在 30 日内作出核定，但合同另有约定的除外。不属于保险责任的，应自作出核定之日起 3 日内向被保险人发出拒绝赔偿通知书并说明理由，将索赔单证扫描存入系统后，退还相关索赔单证，并办理签收手续。

第五节 立 案

第五十七条 公司应加强立案过程管理,确保立案时估损金额尽量准确。公司原则上应实行报案即立案。接到报案后应及时在理赔信息系统中进行立案处理。系统应设置超过3日尚未立案则强制自动立案功能。

第五十八条 公司应及时充足准确录入估损金额,对自动立案并通过理赔系统对案件进行自动估损赋值的,应本着充分原则,赋值金额参考历史同类案件的案均赔款或其他合理统计量确定。公司应根据险别、有无人伤等不同情况明确赋值规则。

第六节 定损（估损）

第五十九条 公司定损人员应准确记录损失部位和项目,提出修理、更换建议,及时录入理赔信息系统。并请客户签字确认损失部位和项目。

第六十条 定损人员应及时向客户说明损失情况,并就定损项目、修复方式、配件类型、维修金额等向客户耐心细致解释。核损通过后的损失确认书,应由客户签字确认。对客户自行承担的损失,应明确告知客户并做好解释说明。

定损项目和金额需要调整的,定损人员应征得客户同意并签字确认。

第六十一条 公司应对委托外部机构定损严格管控。

第七节 报核价

第六十二条 公司应建立专业报核价队伍,在理赔信息系统中设置报核价模块,逐步实现常用配件自动报价。

第六十三条 公司应维护更新零部件价格信息,推行价格信息本地化,保证价格信息与区域市场匹配。

公司应采用经国家有关部门批准和认证的正规配件企业生产、符合原厂技术规范和配件性能标准、有合法商标、质量检验合格的配件。

第八节 核 损

第六十四条 公司应高度重视核损环节管理，加强核损队伍建设，提高核损人员专业技能。

第六十五条 核损人员应认真核对查勘、定损人员提交的事故现场查勘情况，与客户填报的事故经过是否一致，确定事故真伪及是否属于保险责任。

鼓励公司核损人员对拟提供给客户的"索赔须知"内容进行审核，确保对需提供的索赔材料说明准确。

第六十六条 核损人员应对定损人员提交的标的损失项目、修复方式、估损金额，根据报核价环节提供的配件价格信息进行远程在线审核或现场审核，并提出审核意见。

第六十七条 理赔信息系统应自动按照核损通过数值调整未决赔款金额。对于未决赔款金额波动较大的，应在系统中设置提醒标志。

第九节 人伤跟踪和医疗审核

第六十八条 总公司应建立人身伤亡案件（以下简称为"人伤"）审核专业管理团队，省级及以下理赔部门设置专职人伤跟踪（调查）和医疗审核团队或岗位，参与人伤损失的事故查勘、损伤调查、处理跟踪、协助合解、参与诉讼、资料收集、单证审核和费用核定等工作。公司应制订人伤跟踪、审核实务，应实现提前介入、过程跟踪、全程协助、加强管控的目标。

公司原则上应设置专线电话，安排人伤专业人员，为被保险人或受害人提供人伤处理全程咨询服务。

公司应加大人伤调查力度，制订人伤调查要求、具体内容和调查时效。

人伤审核人员应主动参与被保险人与事故受害人之间的损害赔偿合解工作，促成双方达成满意的合解结果。

在被保险人与受害人之间发生诉讼纠纷时，公司应积极主动协助被保险人做好诉讼案件处理工作。

第六十九条 公司在人伤跟踪过程中，应及时就诊疗方案、用药标准、后续治疗费用、残疾器具使用等问题向医疗单位、被保险人或受害人进行了解，并及时修正未决赔案估损金额。

第七十条 公司应根据相关法律法规和保险合同，按照以人为本和有利及时救治原则，进行人伤费用审核和支付。

第七十一条 公司对需进行伤残鉴定的人伤案件，应优先推荐和引导伤者到当地公信力较高的伤残鉴定机构进行评定，确保评残公正、客观。公司应跟踪评残过程及鉴定结果，发现疑义的应及时向鉴定机构反馈或要求复评。

公司应将"低残高评"、"疑义伤残"等记录在案，向有关主管部门反馈。

第十节 资料收集

第七十二条 公司接收、记录客户送达的索赔资料时，应按照"索赔须知"当场查验索赔资料是否齐全，及时出具接收回执。回执上应注明公司接收人、接收时间和公司咨询电话。

第七十三条 公司认为有关证明和资料不完整的，应当及时一次性书面通知投保人、被保险人或者受益人补充提供。

第十一节 理算

第七十四条 公司对索赔资料齐全、无异议的案件，应及时完成理算工作。

第十二节 核赔

第七十五条 公司理赔时效标准不得低于法律法规以及行业关

于理赔时效的规定。

公司自收到索赔请求和有关证明、资料之日起60日内，对其赔偿数额不能确定的，应根据已有证明和资料可以确定的数额先予支付。最终确定赔偿数额后，支付相应差额。

第七十六条 公司应对疑难案件会商，在充分尊重事实、准确适用法律、综合评定各方利益，并与客户有效沟通后，做出最终结论，并将结果及时反馈。

第十三节 结销案

第七十七条 公司应当在全部损失标的核赔通过后自动或人工结案。结案后的重开赔案权限应通过理赔信息系统上收至总公司。

第七十八条 公司应明确规定赔案注销、零结案和拒赔条件，严格注销案件、零结案和拒赔管理。

注销恢复案件处理权限应通过理赔信息系统上收至总公司。

第十四节 赔款支付

第七十九条 公司应在与客户达成赔偿协议后10日内赔付。公司应及时通知客户领取保险赔款，定期清理已决未支付赔案。不得通过预付赔款方式支付已达成协议的赔款。

鼓励公司建立快速理赔机制。

第八十条 公司应在理赔信息系统中设定赔款收款人姓名、账号和开户银行名称，赔款支付时应遵守反洗钱的相关规定。

在赔款成功支付后，公司应通过电话、短信或书面等方式告知客户。

鼓励公司在客户投保时，积极引导客户约定赔款支付方式、明确赔款支付对象、开户行、账号等信息。

第八十一条 被保险人为个人的，公司应积极引导被保险人通过银行转账方式领取保险赔款。保险赔款金额超过一定金额的，要通过非现金方式支付，且支付到与被保险人、道路交通事故受害人等符合法律法规规定的人员名称相一致的银行账户。

各地区、各公司可根据实际情况，制订现金支付的最高限额。

第八十二条　被保险人为单位的，公司应严格按照有关支付结算规定，对1000元以上的保险赔款要通过非现金方式支付，且支付到与被保险人、道路交通事故受害人等符合法律法规规定的人员名称相一致的银行账户。

各地区、各公司可根据实际情况，进一步限定采取汇款、网上银行等无背书功能的转账支付方式。

鼓励公司采取无现金支付方式支付赔款。

第八十三条　公司应严格管控代领保险赔款风险。

（一）严格"直赔"修理厂管理

公司对签订"直赔"协议的修理单位（以下简称"直赔厂"），必须严格管理监督。

1. 不得将代报案、代查勘权限授予直赔厂。

2. 直赔厂在代客户索赔时，应提供维修发票、维修清单以及被保险人出具的授权书原件、身份证明等材料。

3. 公司应通过银行采用无背书功能的转账支付方式将保险赔款划入以承修事故车辆的修理单位为户名的银行账户，并通过电话回访或书面方式告知被保险人。

4. 对于不能提供被保险人真实联系方式、授权书的修理单位，公司不应与其签订或续签"直赔"协议。

（二）严格管控其他单位或个人代领保险赔款

对于直赔厂之外的其他单位或个人代被保险人或道路交通事故受害人领取保险赔款的，必须提供被保险人或道路交通事故受害人有效身份证明原件、授权书原件以及代领赔款人身份证明原件。

赔款支付方式按照第八十一条和第八十二条的规定执行。

第八十四条　被保险人给第三者造成损害，被保险人对第三者应负的赔偿责任确定的，根据被保险人的请求，公司应直接向该第三者赔偿保险金。被保险人怠于请求的，第三者有权就其应获赔偿部分直接向公司请求赔偿，公司应受理。

第十五节　追偿及损余物资处理

第八十五条　公司应加强代位追偿案件管理，制订制度规范以及追偿案件的业务、财务处理方式及流程。

第八十六条　公司应制订损余物资管理办法。损余物资折归被保险人的，应与被保险人协商同意，确保公平合理。

公司回收损余物资的，应在理赔信息系统中准确录入损余物资管理信息和处置情况，统计损余物资处置金额。处理款项应及时冲减赔款。

对于盗抢险追回车辆、推定全损车辆的损余处理，应上收到省级或以上机构统一处理。

第四章　理赔服务

第一节　服务标准

第八十七条　理赔服务应贯彻于理赔全过程，包括风险管理、客户回访、投诉处理等内容。

第八十八条　公司应制订理赔服务规范，确保流程控制中各环节理赔手续简便、服务时效明确、服务标准一致。

第八十九条　公司应建立"首问负责制"，保证流程顺畅，不互相推诿。

最先受理客户咨询、投诉的人员作为首问责任人，负责处理或督促相关部门解决客户提出的各类问题，并跟踪至问题解决。

第九十条　公司应设立全国统一的服务电话号码，并向社会公示，24小时×365天接受报案和咨询。公司应保证报案电话畅通，接通率不低于85%。

公司应提供 24 小时×365 天查勘定损服务。

各地保险行业协会应根据本地实际情况，规定理赔人员到达事故现场时限，并向社会公布。

第九十一条 公司应建立理赔服务指标体系。理赔服务指标至少应包括：报案电话接通率、到达现场时长、平均结案周期、小额赔案结案周期、赔付时效、客户有效投诉率等。

各地保险行业协会应根据本地实际情况，制定理赔服务指标参考标准，并向社会公布。

第九十二条 公司应统一查勘定损员服装样式，统一制作并悬挂胸牌，按照公司视觉识别标识统一进行查勘车辆的外观喷涂和编号，便于各级理赔服务工作管理监督，提升理赔服务形象。

第九十三条 公司应制订理赔标准用语规范，涵盖理赔全流程。理赔人员在服务过程中应体现出良好的保险职业道德和精神风貌，主动迅速准确为客户提供优质服务。

第九十四条 异地理赔服务、委托外部机构理赔服务不得低于规定的理赔服务时效、理赔标准。

第二节 服务内容

第九十五条 公司应高度重视车险理赔服务工作，进一步强化理赔服务意识、增强理赔服务能力、提高理赔服务质量。

公司应积极协助被保险人向责任对方（责任对方是指在事故中对被保险人负有赔偿责任的当事人）进行索赔；当被保险人选择直接向投保保险公司索赔，并将向责任对方请求赔偿的权利转让给保险公司时，保险公司应该认真履行赔付义务。

各公司之间应进一步加强沟通协调。对于涉及多家保险公司的赔案，各公司均应积极参与处理，不得推诿。

为提高运行效率，各省级行业协会应逐步依托行业车险信息平台尽快实现数据及时传递和共享，应组织保险公司逐步建立行业间定损标准、赔付标准和追偿实务标准，积极解决保险理赔服务问题，提高客户满意度。

第九十六条　公司应根据赔案类型、客户分类和赔付数据建立差异化理赔服务机制。

公司应建立小额赔案理赔快速处理机制，不断提高小额案件理赔时效和服务质量。小额赔案的标准和赔付时限由各省级行业协会根据情况确定。

第九十七条　公司可在合理成本范围内为客户提供车辆救援、风险管理等增值服务。

第九十八条　公司应提供多渠道的理赔信息反馈服务。公司应按照相关规定，提供理赔信息自助查询服务。公司应在与理赔相关的营业场所或服务场所，张贴统一印制的索赔指引或索赔流程图，在保险凭证和保险宣传资料上明示服务电话，制订并对外公布理赔服务承诺。

公司应逐步实施电话、短信通知提醒、网络平台上传资料等服务内容。

第三节　服务保证

第九十九条　公司应建立客户回访制度，应设专职人员在赔款支付15个工作日内进行客户回访，各公司应根据案件量确保一定回访比例。

建立客户回访台账或留存回访电话录音，内容至少应包括：案件情况真实性、理赔服务质量、赔款领取情况等。回访记录应妥善保存，自保险合同终止之日起计算，保管期限不得少于5年。

第一百条　公司应建立投诉信访处理机制，设立客户服务部门或者咨询投诉岗位，向社会公布理赔投诉电话，接受社会监督。

（一）公司应设专职人员负责受理客户理赔投诉工作。建立客户投诉登记台帐，台帐内容至少应包括：投诉编号、投诉日期、投诉人及联系方式、被投诉人、涉及保单或赔案号、投诉原因、投诉具体内容、处理结果、答复客户日期等。

（二）对保险监管部门按照规定转办的涉及理赔服务方面的信访事项，不得推诿、敷衍、拖延、弄虚作假，由公司分管领导负责并按照监管部门要求报告受理情况和办理结果。

（三）上门投诉的客户，有专人负责接待，尽最大努力即时解决。无法即时解决的，明确答复时限。其他形式（如电话、传真、信访和电子邮件等）的一般性投诉，承办部门应在3个工作日内答复；重大、疑难类投诉，应在5个工作日内答复。

对信访投诉情况定期分析，并采取改进措施。

第一百零一条 公司应建立并不断完善重大突发性事件、群体性投诉和媒体曝光事件的应急机制。

第一百零二条 公司应建立对理赔服务的内部稽核检查机制。

公司应通过客户服务暗访、客户满意度调查制度等多种方式对理赔服务质量监督检查，确保理赔服务水平。

第一百零三条 公司在加强理赔管理的同时，应不断提升理赔服务水平，落实理赔服务承诺，不得以打击车险骗赔等各种理由为名，降低车险理赔服务质量。

第五章 附 则

第一百零四条 车险电销专用产品业务的理赔及后续管理等原则上在保险标的所在地进行，并实行属地管理。

第一百零五条 交强险案件的理赔，应严格遵照监管部门及行业协会的有关规定执行。

第一百零六条 公司在与保险公估机构建立业务合作关系时，双方签订的合作协议中应明确规定保险公估机构提供的相关服务不低于本《指引》要求的管理与服务质量水平。

第一百零七条 本《指引》自下发之日起实施。

关于消费者购买机动车辆保险注意事项的公告

保监公告 41 号

为促进我国机动车辆保险市场的健康发展，中国保险监督管理委员会决定从 2003 年 1 月 1 日起，在全国范围内实施新的机动车辆保险条款费率管理制度。新制度要求各保险公司自行制订机动车辆保险条款费率，报经中国保监会审批后公布实施。新的机动车辆保险条款、费率为广大消费者提供了更广的选择空间。因种类增加，价格不同，中国保监会提示消费者在购买机动车辆保险时，应注意以下事项：

一、购买渠道的选择

（一）合理选择保险公司

消费者应选择具有合法资格的保险公司营业机构购买机动车辆保险。机动车辆保险的售后服务与产品本身一样重要，消费者在选择保险公司时，应了解各公司提供服务的内容及信誉程度。部分保险公司还对直接在其营业机构购买机动车辆保险的消费者提供优惠。

（二）合理选择代理人

消费者可以通过代理人购买机动车辆保险。选择代理人时，应选择有执业资格证书、展业证及与保险公司签有正式代理合同的代理人；应当了解机动车辆保险条款中涉及赔偿责任和权利义务的部分，防止个别代理人片面夸大产品保障功能，回避责任免除等条款内容。

二、购买机动车辆保险的选择

（一）根据实际需要购买

消费者选择机动车辆保险，应了解自身的风险和特征，根据实际情况选择个人所需的风险保障。对于机动车辆保险市场现有产品应进行充分了解，以便购买适合自身需要的机动车辆保险。

（二）了解机动车辆保险内容

条款。消费者应当询问所购买的机动车辆保险条款是否经保监会批准，认真了解条款内容，重点关注保险责任、除外责任和特别约定，被保险人权利和义务，免赔额或免赔率的计算，申请赔款的手续，退保和折旧的规定。保险公司是否对于除外责任做出说明，是否提供附加险对除外责任进行承保等。

保险费的计算。保险公司或代理人应当向消费者公布费率表及费率表说明并进行解释。消费者应当关注其费率是否与保监会批准的费率一致，了解保险公司的费率优惠规定和无赔款优待的规定。通常保险责任比较全面的产品，保险费比较高；保险责任少的产品，保险费较低。

赔偿金额的计算。消费者应当了解保险公司机动车辆保险赔款的计算规定和方式。

消费者对于条款内容或保险费计算如果有疑问，可以要求保险公司销售人员或者代理人进行解释。

三、其他注意事项

（一）对保险重要单证的使用和保管。消费者在购买机动车辆保险时，应如实填写投保单上规定的各项内容，取得保险单后应核对其内容是否与投保单上的有关内容完全一致。对所持有的保险单、保险卡、批单、保费发票等有关重要凭证应妥善保管，以便在出险时能及时提供理赔依据。

（二）如实告知义务。消费者在购买机动车辆保险时应履行如实告知义务，对与保险风险有直接关系的情况应当如实告知保险公司。

（三）购买机动车辆保险后，应及时交纳保险费，并按照条款规定，履行被保险人义务。发生赔案，应按照条款规定的程序向保险公司提出索赔。

（四）合同纠纷的解决方式。对于保险合同产生的纠纷，消费者应当依据在购买机动车辆保险时与保险公司的约定，以仲裁或诉讼方式解决。

（五）投诉。消费者在购买机动车辆保险过程中，如发现保险公司或中介机构有误导或销售未经批准的机动车辆保险等行为，可向保险监督管理部门投诉。

中国保险监督管理委员会
2002 年 12 月 18 日

机动车维修管理规定

中华人民共和国交通运输部令

2016 年第 37 号

《交通运输部关于修改〈机动车维修管理规定〉的决定》已于 2016 年 4 月 14 日经第 8 次部务会议通过，现予公布。

交通运输部部长

2016 年 4 月 19 日

(2005 年 6 月 24 日交通部发布；根据 2015 年 8 月 8 日《交通运输部关于修改〈机动车维修管理规定〉的决定》第一次修正；根据 2016 年 4 月 19 日《交通运输部关于修改〈机动车维修管理规定〉的决定》第二次修正)

第一章 总 则

第一条 为规范机动车维修经营活动，维护机动车维修市场秩序，保护机动车维修各方当事人的合法权益，保障机动车运行安全，保护环境，节约能源，促进机动车维修业的健康发展，根据

《中华人民共和国道路运输条例》及有关法律、行政法规的规定，制定本规定。

第二条 从事机动车维修经营的，应当遵守本规定。

本规定所称机动车维修经营，是指以维持或者恢复机动车技术状况和正常功能、延长机动车使用寿命为作业任务所进行的维护、修理以及维修救援等相关经营活动。

第三条 机动车维修经营者应当依法经营，诚实信用，公平竞争，优质服务，落实安全生产主体责任和维修质量主体责任。

第四条 机动车维修管理，应当公平、公正、公开和便民。

第五条 任何单位和个人不得封锁或者垄断机动车维修市场。

托修方有权自主选择维修经营者进行维修。除汽车生产厂家履行缺陷汽车产品召回、汽车质量"三包"责任外，任何单位和个人不得强制或者变相强制指定维修经营者。

鼓励机动车维修企业实行集约化、专业化、连锁经营，促进机动车维修业的合理分工和协调发展。

鼓励推广应用机动车维修环保、节能、不解体检测和故障诊断技术，推进行业信息化建设和救援、维修服务网络化建设，提高机动车维修行业整体素质，满足社会需要。

鼓励机动车维修企业优先选用具备机动车检测维修国家职业资格的人员，并加强技术培训，提升从业人员素质。

第六条 交通运输部主管全国机动车维修管理工作。

县级以上地方人民政府交通运输主管部门负责组织领导本行政区域的机动车维修管理工作。

县级以上道路运输管理机构负责具体实施本行政区域内的机动车维修管理工作。

第二章 经营许可

第七条 机动车维修经营依据维修车型种类、服务能力和经营项目实行分类许可。

机动车维修经营业务根据维修对象分为汽车维修经营业务、危险货物运输车辆维修经营业务、摩托车维修经营业务和其他机动车维修经营业务四类。

汽车维修经营业务、其他机动车维修经营业务根据经营项目和服务能力分为一类维修经营业务、二类维修经营业务和三类维修经营业务。

摩托车维修经营业务根据经营项目和服务能力分为一类维修经营业务和二类维修经营业务。

第八条 获得一类、二类汽车维修经营业务或者其他机动车维修经营业务许可的，可以从事相应车型的整车修理、总成修理、整车维护、小修、维修救援、专项修理和维修竣工检验工作；获得三类汽车维修经营业务（含汽车综合小修）、三类其他机动车维修经营业务许可的，可以分别从事汽车综合小修或者发动机维修、车身维修、电气系统维修、自动变速器维修、轮胎动平衡及修补、四轮定位检测调整、汽车润滑与养护、喷油泵和喷油器维修、曲轴修磨、气缸镗磨、散热器维修、空调维修、汽车美容装潢、汽车玻璃安装及修复等汽车专项维修工作。具体有关经营项目按照《汽车维修业开业条件》（GB/T 16739）相关条款的规定执行。

第九条 获得一类摩托车维修经营业务许可的，可以从事摩托车整车修理、总成修理、整车维护、小修、专项修理和竣工检验工作；获得二类摩托车维修经营业务许可的，可以从事摩托车维护、小修和专项修理工作。

第十条 获得危险货物运输车辆维修经营业务许可的，除可以从事危险货物运输车辆维修经营业务外，还可以从事一类汽车维修经营业务。

第十一条 申请从事汽车维修经营业务或者其他机动车维修经营业务的，应当符合下列条件：

（一）有与其经营业务相适应的维修车辆停车场和生产厂房。租用的场地应当有书面的租赁合同，且租赁期限不得少于1年。停车场和生产厂房面积按照国家标准《汽车维修业开业条件》（GB/T16739）相关条款的规定执行。

（二）有与其经营业务相适应的设备、设施。所配备的计量设备应当符合国家有关技术标准要求，并经法定检定机构检定合格。从事汽车维修经营业务的设备、设施的具体要求按照国家标准《汽车维修业开业条件》（GB/T16739）相关条款的规定执行；从事其他机动车维修经营业务的设备、设施的具体要求，参照国家标准《汽车维修业开业条件》（GB/T16739）执行，但所配备设施、设备应与其维修车型相适应。

（三）有必要的技术人员：

1. 从事一类和二类维修业务的应当各配备至少1名技术负责人员、质量检验人员、业务接待人员以及从事机修、电器、钣金、涂漆的维修技术人员。技术负责人员应当熟悉汽车或者其他机动车维修业务，并掌握汽车或者其他机动车维修及相关政策法规和技术规范；质量检验人员应当熟悉各类汽车或者其他机动车维修检测作业规范，掌握汽车或者其他机动车维修故障诊断和质量检验的相关技术，熟悉汽车或者其他机动车维修服务收费标准及相关政策法规和技术规范，并持有与承修车型种类相适应的机动车驾驶证；从事机修、电器、钣金、涂漆的维修技术人员应当熟悉所从事工种的维修技术和操作规范，并了解汽车或者其他机动车维修及相关政策法规。各类技术人员的配备要求按照《汽车维修业开业条件》（GB/T16739）相关条款的规定执行。

2. 从事三类维修业务的，按照其经营项目分别配备相应的机修、电器、钣金、涂漆的维修技术人员；从事汽车综合小修、发动机维修、车身维修、电气系统维修、自动变速器维修的，还应当配备技术负责人员和质量检验人员。各类技术人员的配备要求按照国家标准《汽车维修业开业条件》（GB/T 16739）相关条款的规定执行。

（四）有健全的维修管理制度。包括质量管理制度、安全生产管理制度、车辆维修档案管理制度、人员培训制度、设备管理制度及配件管理制度。具体要求按照国家标准《汽车维修业开业条件》（GB/T16739）相关条款的规定执行。

（五）有必要的环境保护措施。具体要求按照国家标准《汽车维修业开业条件》（GB/T16739）相关条款的规定执行。

第十二条 从事危险货物运输车辆维修的汽车维修经营者，除具备汽车维修经营一类维修经营业务的开业条件外，还应当具备下列条件：

（一）有与其作业内容相适应的专用维修车间和设备、设施，并设置明显的指示性标志；

（二）有完善的突发事件应急预案，应急预案包括报告程序、应急指挥以及处置措施等内容；

（三）有相应的安全管理人员；

（四）有齐全的安全操作规程。

本规定所称危险货物运输车辆维修，是指对运输易燃、易爆、腐蚀、放射性、剧毒等性质货物的机动车维修，不包含对危险货物运输车辆罐体的维修。

第十三条 申请从事摩托车维修经营的，应当符合下列条件：

（一）有与其经营业务相适应的摩托车维修停车场和生产厂房。租用的场地应有书面的租赁合同，且租赁期限不得少于1年。停车场和生产厂房的面积按照国家标准《摩托车维修业开业条件》（GB/T18189）相关条款的规定执行。

（二）有与其经营业务相适应的设备、设施。所配备的计量设备应符合国家有关技术标准要求，并经法定检定机构检定合格。具体要求按照国家标准《摩托车维修业开业条件》（GB/T18189）相关条款的规定执行。

（三）有必要的技术人员：

1. 从事一类维修业务的应当至少有1名质量检验人员。质量检验人员应当熟悉各类摩托车维修检测作业规范，掌握摩托车维修故障诊断和质量检验的相关技术，熟悉摩托车维修服务收费标准及相关政策法规和技术规范。

2. 按照其经营业务分别配备相应的机修、电器、钣金、涂漆的维修技术人员。机修、电器、钣金、涂漆的维修技术人员应当熟悉所从事工种的维修技术和操作规范，并了解摩托车维修及相关政策法规。

（四）有健全的维修管理制度。包括质量管理制度、安全生产管理制度、摩托车维修档案管理制度、人员培训制度、设备管理制度及配件管理制度。具体要求按照国家标准《摩托车维修业开业条件》（GB/T18189）相关条款的规定执行。

（五）有必要的环境保护措施。具体要求按照国家标准《摩托车维修业开业条件》（GB/T18189）相关条款的规定执行。

第十四条　申请从事机动车维修经营的，应当向所在地的县级道路运输管理机构提出申请，并提交下列材料：

（一）《交通行政许可申请书》、有关维修经营申请者的营业执照原件和复印件；

（二）经营场地（含生产厂房和业务接待室）、停车场面积材料、土地使用权及产权证明原件和复印件；

（三）技术人员汇总表，以及各相关人员的学历、技术职称或职业资格证明等文件原件和复印件；

（四）维修检测设备及计量设备检定合格证明原件和复印件；

（五）按照汽车、其他机动车、危险货物运输车辆、摩托车维修经营，分别提供本规定第十一条、第十二条、第十三条规定条件的其他相关材料。

第十五条　道路运输管理机构应当按照《中华人民共和国道路运输条例》和《交通行政许可实施程序规定》规范的程序实施机动车维修经营的行政许可。

第十六条　道路运输管理机构对机动车维修经营申请予以受理的，应当自受理申请之日起15日内作出许可或者不予许可的决定。符合法定条件的，道路运输管理机构作出准予行政许可的决定，向申请人出具《交通行政许可决定书》，在10日内向被许可人颁发机动车维修经营许可证件，明确许可事项；不符合法定条件的，道路运输管理机构作出不予许可的决定，向申请人出具《不予交通行政许可决定书》，说明理由，并告知申请人享有依法申请行政复议或者提起行政诉讼的权利。

机动车维修经营者应当在取得相应工商登记执照后，向道路运输管理机构申请办理机动车维修经营许可手续。

第十七条　申请机动车维修连锁经营服务网点的，可由机动车维修连锁经营企业总部向连锁经营服务网点所在地县级道路运输管理机构提出申请，提交下列材料，并对材料真实性承担相应的法律责任：

（一）机动车维修连锁经营企业总部机动车维修经营许可证件复印件；

（二）连锁经营协议书副本；

（三）连锁经营的作业标准和管理手册；

（四）连锁经营服务网点符合机动车维修经营相应开业条件的承诺书。

道路运输管理机构在查验申请资料齐全有效后，应当场或在5日内予以许可，并发给相应许可证件。连锁经营服务网点的经营许可项目应当在机动车维修连锁经营企业总部许可项目的范围内。

第十八条　机动车维修经营许可证件实行有效期制。从事一、二类汽车维修业务和一类摩托车维修业务的证件有效期为6年；从事三类汽车维修业务、二类摩托车维修业务及其他机动车维修业务的证件有效期为3年。

机动车维修经营许可证件由各省、自治区、直辖市道路运输管理机构统一印制并编号，县级道路运输管理机构按照规定发放和管理。

第十九条 机动车维修经营者应当在许可证件有效期届满前30日到作出原许可决定的道路运输管理机构办理换证手续。

第二十条 机动车维修经营者变更经营资质、经营范围、经营地址、有效期限等许可事项的，应当向作出原许可决定的道路运输管理机构提出申请；符合本章规定许可条件、标准的，道路运输管理机构依法办理变更手续。

机动车维修经营者变更名称、法定代表人等事项的，应当向作出原许可决定的道路运输管理机构备案。

机动车维修经营者需要终止经营的，应当在终止经营前30日告知作出原许可决定的道路运输管理机构办理注销手续。

第三章 维修经营

第二十一条 机动车维修经营者应当按照经批准的行政许可事项开展维修服务。

第二十二条 机动车维修经营者应当将机动车维修经营许可证件和《机动车维修标志牌》（见附件1）悬挂在经营场所的醒目位置。

《机动车维修标志牌》由机动车维修经营者按照统一式样和要求自行制作。

第二十三条 机动车维修经营者不得擅自改装机动车，不得承修已报废的机动车，不得利用配件拼装机动车。

托修方要改变机动车车身颜色，更换发动机、车身和车架的，应当按照有关法律、法规的规定办理相关手续，机动车维修经营者在查看相关手续后方可承修。

第二十四条 机动车维修经营者应当加强对从业人员的安全教育和职业道德教育，确保安全生产。

机动车维修从业人员应当执行机动车维修安全生产操作规程，不得违章作业。

第二十五条 机动车维修产生的废弃物，应当按照国家的有关规定进行处理。

第二十六条 机动车维修经营者应当公布机动车维修工时定额和收费标准，合理收取费用。

机动车维修工时定额可按各省机动车维修协会等行业中介组织统一制定的标准执行，也可按机动车维修经营者报所在地道路运输管理机构备案后的标准执行，也可按机动车生产厂家公布的标准执行。当上述标准不一致时，优先适用机动车维修经营者备案的标准。

机动车维修经营者应当将其执行的机动车维修工时单价标准报所在地道路运输管理机构备案。

机动车生产厂家在新车型投放市场后六个月内，有义务向社会公布其维修技术信息和工时定额。具体要求按照国家有关部门关于汽车维修技术信息公开的规定执行。

第二十七条 机动车维修经营者应当使用规定的结算票据，并向托修方交付维修结算清单。维修结算清单中，工时费与材料费应当分项计算。维修结算清单标准规范格式由交通运输部制定。

机动车维修经营者不出具规定的结算票据和结算清单的，托修方有权拒绝支付费用。

第二十八条 机动车维修经营者应当按照规定，向道路运输管理机构报送统计资料。

道路运输管理机构应当为机动车维修经营者保守商业秘密。

第二十九条 机动车维修连锁经营企业总部应当按照统一采购、统一配送、统一标识、统一经营方针、统一服务规范和价格的要求，建立连锁经营的作业标准和管理手册，加强对连锁经营服务网点经营行为的监管和约束，杜绝不规范的商业行为。

第四章 质量管理

第三十条 机动车维修经营者应当按照国家、行业或者地方的维修标准和规范进行维修。尚无标准或规范的，可参照机动车生产企业提供的维修手册、使用说明书和有关技术资料进行维修。

第三十一条 机动车维修经营者不得使用假冒伪劣配件维修机动车。

机动车维修配件实行追溯制度。机动车维修经营者应当记录配件采购、使用信息，查验产品合格证等相关证明，并按规定留存配件来源凭证。

托修方、维修经营者可以使用同质配件维修机动车。同质配件是指，产品质量等同或者高于装车零部件标准要求，且具有良好装车性能的配件。

机动车维修经营者对于换下的配件、总成，应当交托修方自行处理。

机动车维修经营者应当将原厂配件、同质配件和修复配件分别标识，明码标价，供用户选择。

第三十二条 机动车维修经营者对机动车进行二级维护、总成修理、整车修理的，应当实行维修前诊断检验、维修过程检验和竣工质量检验制度。

承担机动车维修竣工质量检验的机动车维修企业或机动车综合性能检测机构应当使用符合有关标准并在检定有效期内的设备，按照有关标准进行检测，如实提供检测结果证明，并对检测结果承担法律责任。

第三十三条 机动车维修竣工质量检验合格的，维修质量检验人员应当签发《机动车维修竣工出厂合格证》（见附件2）；未签发机动车维修竣工出厂合格证的机动车，不得交付使用，车主可以拒绝交费或接车。

第三十四条 机动车维修经营者应当建立机动车维修档案，并实行档案电子化管理。维修档案应当包括：维修合同（托修单）、维修项目、维修人员及维修结算清单等。对机动车进行二级维护、总成修理、整车修理的，维修档案还应当包括：质量检验单、质量检验人员、竣工出厂合格证（副本）等。

机动车维修经营者应当按照规定如实填报、及时上传承修机动车的维修电子数据记录至国家有关汽车电子健康档案系统。机动车生产厂家或者第三方开发、提供机动车维修服务管理系统的，应当向汽车电子健康档案系统开放相应数据接口。

机动车托修方有权查阅机动车维修档案。

第三十五条 道路运输管理机构应当加强机动车维修从业人员管理，建立健全从业人员信用档案，加强从业人员诚信监管。

机动车维修经营者应当加强从业人员从业行为管理，促进从业人员诚信、规范从业维修。

第三十六条 道路运输管理机构应当加强对机动车维修经营的质量监督和管理，采用定期检查、随机抽样检测检验的方法，对机动车维修经营者维修质量进行监督。

道路运输管理机构可以委托具有法定资格的机动车维修质量监督检验单位，对机动车维修质量进行监督检验。

第三十七条 机动车维修实行竣工出厂质量保证期制度。

汽车和危险货物运输车辆整车修理或总成修理质量保证期为车辆行驶20000公里或者100日；二级维护质量保证期为车辆行驶5000公里或者30日；一级维护、小修及专项修理质量保证期为车辆行驶 2000 公里或者 10 日。

摩托车整车修理或者总成修理质量保证期为摩托车行驶 7000 公里或者 80 日；维护、小修及专项修理质量保证期为摩托车行驶 800 公里或者 10 日。

其他机动车整车修理或者总成修理质量保证期为机动车行驶 6000 公里或者 60 日；维护、小修及专项修理质量保证期为机动车行驶 700 公里或者 7 日。

质量保证期中行驶里程和日期指标，以先达到者为准。

机动车维修质量保证期，从维修竣工出厂之日起计算。

第三十八条　在质量保证期和承诺的质量保证期内，因维修质量原因造成机动车无法正常使用，且承修方在 3 日内不能或者无法提供因非维修原因而造成机动车无法使用的相关证据的，机动车维修经营者应当及时无偿返修，不得故意拖延或者无理拒绝。

在质量保证期内，机动车因同一故障或维修项目经两次修理仍不能正常使用的，机动车维修经营者应当负责联系其他机动车维修经营者，并承担相应修理费用。

第三十九条　机动车维修经营者应当公示承诺的机动车维修质量保证期。所承诺的质量保证期不得低于第三十七条的规定。

第四十条　道路运输管理机构应当受理机动车维修质量投诉，积极按照维修合同约定和相关规定调解维修质量纠纷。

第四十一条　机动车维修质量纠纷双方当事人均有保护当事车辆原始状态的义务。必要时可拆检车辆有关部位，但双方当事人应同时在场，共同认可拆检情况。

第四十二条　对机动车维修质量的责任认定需要进行技术分析和鉴定，且承修方和托修方共同要求道路运输管理机构出面协调的，道路运输管理机构应当组织专家组或委托具有法定检测资格的检测机构作出技术分析和鉴定。鉴定费用由责任方承担。

第四十三条　对机动车维修经营者实行质量信誉考核制度。机动车维修质量信誉考核办法另行制定。

机动车维修质量信誉考核内容应当包括经营者基本情况、经营业绩（含奖励情况）、不良记录等。

第四十四条 道路运输管理机构应当建立机动车维修企业诚信档案。机动车维修质量信誉考核结果是机动车维修诚信档案的重要组成部分。

道路运输管理机构建立的机动车维修企业诚信信息，除涉及国家秘密、商业秘密外，应当依法公开，供公众查阅。

第五章 监督检查

第四十五条 道路运输管理机构应当加强对机动车维修经营活动的监督检查。

道路运输管理机构应当依法履行对维修经营者所取得维修经营许可的监管职责，定期核对许可登记事项和许可条件。对许可登记内容发生变化的，应当依法及时变更；对不符合法定条件的，应当责令限期改正。

道路运输管理机构的工作人员应当严格按照职责权限和程序进行监督检查，不得滥用职权、徇私舞弊，不得乱收费、乱罚款。

第四十六条 道路运输管理机构应当积极运用信息化技术手段，科学、高效地开展机动车维修管理工作。

第四十七条 道路运输管理机构的执法人员在机动车维修经营场所实施监督检查时，应当有2名以上人员参加，并向当事人出示交通运输部监制的交通行政执法证件。

道路运输管理机构实施监督检查时，可以采取下列措施：

（一）询问当事人或者有关人员，并要求其提供有关资料；

（二）查询、复制与违法行为有关的维修台帐、票据、凭证、文件及其他资料，核对与违法行为有关的技术资料；

（三）在违法行为发现场所进行摄影、摄像取证；

（四）检查与违法行为有关的维修设备及相关机具的有关情况。

检查的情况和处理结果应当记录，并按照规定归档。当事人有权查阅监督检查记录。

第四十八条　从事机动车维修经营活动的单位和个人，应当自觉接受道路运输管理机构及其工作人员的检查，如实反映情况，提供有关资料。

第六章　法律责任

第四十九条　违反本规定，有下列行为之一，擅自从事机动车维修相关经营活动的，由县级以上道路运输管理机构责令其停止经营；有违法所得的，没收违法所得，处违法所得2倍以上10倍以下的罚款；没有违法所得或者违法所得不足1万元的，处2万元以上5万元以下的罚款；构成犯罪的，依法追究刑事责任：

（一）未取得机动车维修经营许可，非法从事机动车维修经营的；

（二）使用无效、伪造、变造机动车维修经营许可证件，非法从事机动车维修经营的；

（三）超越许可事项，非法从事机动车维修经营的。

第五十条　违反本规定，机动车维修经营者非法转让、出租机动车维修经营许可证件的，由县级以上道路运输管理机构责令停止违法行为，收缴转让、出租的有关证件，处以2000元以上1万元以下的罚款；有违法所得的，没收违法所得。

对于接受非法转让、出租的受让方，应当按照第四十九条的规定处罚。

第五十一条　违反本规定，机动车维修经营者使用假冒伪劣配件维修机动车，承修已报废的机动车或者擅自改装机动车的，由县级以上道路运输管理机构责令改正，并没收假冒伪劣配件及报废车辆；有违法所得的，没收违法所得，处违法所得2倍以上10倍以下的罚款；没有违法所得或者违法所得不足1万元的，处2万元以上5万元以下的罚款，没收假冒伪劣配件及报废车辆；情节严重的，由原许可机关吊销其经营许可；构成犯罪的，依法追究刑事责任。

第五十二条 违反本规定，机动车维修经营者签发虚假或者不签发机动车维修竣工出厂合格证的，由县级以上道路运输管理机构责令改正；有违法所得的，没收违法所得，处以违法所得2倍以上10倍以下的罚款；没有违法所得或者违法所得不足3000元的，处以5000元以上2万元以下的罚款；情节严重的，由许可机关吊销其经营许可；构成犯罪的，依法追究刑事责任。

第五十三条 违反本规定，有下列行为之一的，由县级以上道路运输管理机构责令其限期整改；限期整改不合格的，予以通报：

（一）机动车维修经营者未按照规定执行机动车维修质量保证期制度的；

（二）机动车维修经营者未按照有关技术规范进行维修作业的；

（三）伪造、转借、倒卖机动车维修竣工出厂合格证的；

（四）机动车维修经营者只收费不维修或者虚列维修作业项目的；

（五）机动车维修经营者未在经营场所醒目位置悬挂机动车维修经营许可证件和机动车维修标志牌的；

（六）机动车维修经营者未在经营场所公布收费项目、工时定额和工时单价的；

（七）机动车维修经营者超出公布的结算工时定额、结算工时单价向托修方收费的；

（八）机动车维修经营者未按规定建立电子维修档案，或者未及时上传维修电子数据记录至国家有关汽车电子健康档案系统的；

（九）违反本规定其他有关规定的。

第五十四条　违反本规定，道路运输管理机构的工作人员有下列情形之一的，由同级地方人民政府交通运输主管部门依法给予行政处分；构成犯罪的，依法追究刑事责任：

（一）不按照规定的条件、程序和期限实施行政许可的；

（二）参与或者变相参与机动车维修经营业务的；

（三）发现违法行为不及时查处的；

（四）索取、收受他人财物或谋取其他利益的；

（五）其他违法违纪行为。

第七章　附　则

第五十五条　外商在中华人民共和国境内申请中外合资、中外合作、独资形式投资机动车维修经营的，应同时遵守《外商投资道路运输业管理规定》及相关法律、法规的规定。

第五十六条　机动车维修经营许可证件等相关证件工本费收费标准由省级人民政府财政部门、价格主管部门会同同级交通运输主管部门核定。

第五十七条　本规定自2005年8月1日起施行。经商国家发展和改革委员会、国家工商行政管理总局同意，1986年12月12日交通部、原国家经委、原国家工商行政管理局发布的《汽车维修行业管理暂行办法》同时废止，1991年4月10日交通部颁布的《汽车维修质量管理办法》同时废止。

附件1. 机动车维修标志牌（略）
附件2. 机动车维修竣工出厂合格证（略）

附 录

机动车强制报废标准规定

中华人民共和国商务部
国家发展改革委员会
中华人民共和国公安部
中华人民共和国环境保护部令
2012 年第 12 号

《机动车强制报废标准规定》已经 2012 年 8 月 24 日商务部第 68 次部务会议审议通过,并经发展改革委、公安部、环境保护部同意,现予发布,自 2013 年 5 月 1 日起施行。《关于发布〈汽车报废标准〉的通知》(国经贸经〔1997〕456 号)、《关于调整轻型载货汽车报废标准的通知》(国经贸经〔1998〕407 号)、《关于调整汽车报废标准若干规定的通知》(国经贸资源〔2000〕1202 号)、《关于印发〈农用运输车报废标准〉的通知》(国经贸资源〔2001〕234 号)、《摩托车报废标准暂行规定》(国家经贸委、发展计划委、公安部、环保总局令〔2002〕第 33 号)同时废止。

2012 年 12 月 27 日

第一条　为保障道路交通安全、鼓励技术进步、加快建设资源节约型、环境友好型社会，根据《中华人民共和国道路交通安全法》及其实施条例、《中华人民共和国大气污染防治法》、《中华人民共和国噪声污染防治法》，制定本规定。

第二条　根据机动车使用和安全技术、排放检验状况，国家对达到报废标准的机动车实施强制报废。

第三条　商务、公安、环境保护、发展改革等部门依据各自职责，负责报废机动车回收拆解监督管理、机动车强制报废标准执行有关工作。

第四条　已注册机动车有下列情形之一的应当强制报废，其所有人应当将机动车交售给报废机动车回收拆解企业，由报废机动车回收拆解企业按规定进行登记、拆解、销毁等处理，并将报废机动车登记证书、号牌、行驶证交公安机关交通管理部门注销：

（一）达到本规定第五条规定使用年限的；

（二）经修理和调整仍不符合机动车安全技术国家标准对在用车有关要求的；

（三）经修理和调整或者采用控制技术后，向大气排放污染物或者噪声仍不符合国家标准对在用车有关要求的；

（四）在检验有效期届满后连续3个机动车检验周期内未取得机动车检验合格标志的。

第五条　各类机动车使用年限分别如下：

（一）小、微型出租客运汽车使用8年，中型出租客运汽车使用10年，大型出租客运汽车使用12年；

（二）租赁载客汽车使用15年；

（三）小型教练载客汽车使用10年，中型教练载客汽车使用12年，大型教练载客汽车使用15年；

（四）公交客运汽车使用13年；

（五）其他小、微型营运载客汽车使用10年，大、中型营运载客汽车使用15年；

（六）专用校车使用15年；

（七）大、中型非营运载客汽车（大型轿车除外）使用20年；

（八）三轮汽车、装用单缸发动机的低速货车使用9年，装用多缸发动机的低速货车以及微型载货汽车使用12年，危险品运输载货汽车使用10年，其他载货汽车（包括半挂牵引车和全挂牵引车）使用15年；

（九）有载货功能的专项作业车使用15年，无载货功能的专项作业车使用30年；

（十）全挂车、危险品运输半挂车使用10年，集装箱半挂车20年，其他半挂车使用15年；

（十一）正三轮摩托车使用12年，其他摩托车使用13年。

对小、微型出租客运汽车（纯电动汽车除外）和摩托车，省、自治区、直辖市人民政府有关部门可结合本地实际情况，制定严于上述使用年限的规定，但小、微型出租客运汽车不得低于6年，正三轮摩托车不得低于10年，其他摩托车不得低于11年。

小、微型非营运载客汽车、大型非营运轿车、轮式专用机械车无使用年限限制。

机动车使用年限起始日期按照注册登记日期计算，但自出厂之日起超过2年未办理注册登记手续的，按照出厂日期计算。

第六条 变更使用性质或者转移登记的机动车应当按照下列有关要求确定使用年限和报废：

（一）营运载客汽车与非营运载客汽车相互转换的，按照营运载客汽车的规定报废，但小、微型非营运载客汽车和大型非营运轿车转为营运载客汽车的，应按照本规定附件1所列公式核算累计使用年限，且不得超过15年；

（二）不同类型的营运载客汽车相互转换，按照使用年限较严的规定报废；

（三）小、微型出租客运汽车和摩托车需要转出登记所属地省、自治区、直辖市范围的，按照使用年限较严的规定报废。

（四）危险品运输载货汽车、半挂车与其他载货汽车、半挂车相互转换的，按照危险品运输载货车、半挂车的规定报废。

距本规定要求使用年限1年以内（含1年）的机动车，不得变更使用性质、转移所有权或者转出登记地所属地市级行政区域。

第七条 国家对达到一定行驶里程的机动车引导报废。

达到下列行驶里程的机动车，其所有人可以将机动车交售给报废机动车回收拆解企业，由报废机动车回收拆解企业按规定进行登记、拆解、销毁等处理，并将报废的机动车登记证书、号牌、行驶证交公安机关交通管理部门注销：

（一）小、微型出租客运汽车行驶60万千米，中型出租客运汽车行驶50万千米，大型出租客运汽车行驶60万千米；

（二）租赁载客汽车行驶60万千米；

（三）小型和中型教练载客汽车行驶50万千米，大型教练载客汽车行驶60万千米；

（四）公交客运汽车行驶40万千米；

（五）其他小、微型营运载客汽车行驶60万千米，中型营运载客汽车行驶50万千米，大型营运载客汽车行驶80万千米；

（六）专用校车行驶40万千米；

（七）小、微型非营运载客汽车和大型非营运轿车行驶60万千米，中型非营运载客汽车行驶50万千米，大型非营运载客汽车行驶60万千米；

（八）微型载货汽车行驶50万千米，中、轻型载货汽车行驶60万千米，重型载货汽车（包括半挂牵引车和全挂牵引车）行驶70万千米，危险品运输载货汽车行驶40万千米，装用多缸发动机的低速货车行驶30万千米；

（九）专项作业车、轮式专用机械车行驶50万千米；

（十）正三轮摩托车行驶 10 万千米，其他摩托车行驶 12 万千米。

第八条 本规定所称机动车是指上道路行驶的汽车、挂车、摩托车和轮式专用机械车；非营运载客汽车是指个人或者单位不以获取利润为目的的自用载客汽车；危险品运输载货汽车是指专门用于运输剧毒化学品、爆炸品、放射性物品、腐蚀性物品等危险品的车辆；变更使用性质是指使用性质由营运转为非营运或者由非营运转为营运，小、微型出租、租赁、教练等不同类型的营运载客汽车之间的相互转换，以及危险品运输载货汽车转为其他载货汽车。本规定所称检验周期是指《中华人民共和国道路交通安全法实施条例》规定的机动车安全技术检验周期。

第九条 省、自治区、直辖市人民政府有关部门依据本规定第五条制定的小、微型出租客运汽车或者摩托车使用年限标准，应当及时向社会公布，并报国务院商务、公安、环境保护等部门备案。

第十条 上道路行驶拖拉机的报废标准规定另行制定。

第十一条 本规定自 2013 年 5 月 1 日起施行。2013 年 5 月 1 日前已达到本规定所列报废标准的，应当在 2014 年 4 月 30 日前予以报废。《关于发布〈汽车报废标准〉的通知》（国经贸经〔1997〕456 号）、《关于调整轻型载货汽车报废标准的通知》（国经贸经〔1998〕407 号）、《关于调整汽车报废标准若干规定的通知》（国经贸资源〔2000〕1202 号）、《关于印发〈农用运输车报废标准〉的通知》（国经贸资源〔2001〕234 号）、《摩托车报废标准暂行规定》（国家经贸委、发展计划委、公安部、环保总局令〔2002〕第 33 号）同时废止。

附件：

1. 非营运小微型载客汽车和大型轿车变更使用性质后累计使用年限计算公式（略）

2. 机动车使用年限及行驶里程参考值汇总表（略）

家用汽车产品修理、更换、退货责任规定

国家质量监督检验检疫总局令

第 150 号

《家用汽车产品修理、更换、退货责任规定》已经 2012 年 6 月 27 日国家质量监督检验检疫总局局务会议审议通过。现予公布，自 2013 年 10 月 1 日起施行。

国家质量监督检验检疫总局局长
2012 年 12 月 29 日

第一章 总 则

第一条 为了保护家用汽车产品消费者的合法权益，明确家用汽车产品修理、更换、退货（以下简称三包）责任，根据有关法律法规，制定本规定。

第二条 在中华人民共和国境内生产、销售的家用汽车产品的三包，适用本规定。

第三条 本规定是家用汽车产品三包责任的基本要求。鼓励家用汽车产品经营者做出更有利于维护消费者合法权益的严于本规定的三包责任承诺；承诺一经作出，应当依法履行。

第四条 本规定所称三包责任由销售者依法承担。销售者依照规定承担三包责任后，属于生产者的责任或者属于其他经营者的责任的，销售者有权向生产者、其他经营者追偿。

家用汽车产品经营者之间可以订立合同约定三包责任的承担，但不得侵害消费者的合法权益，不得免除本规定所规定的三包责任和质量义务。

第五条 家用汽车产品消费者、经营者行使权利、履行义务或承担责任，应当遵循诚实信用原则，不得恶意欺诈。

家用汽车产品经营者不得故意拖延或者无正当理由拒绝消费者提出的符合本规定的三包责任要求。

第六条 国家质量监督检验检疫总局（以下简称国家质检总局）负责本规定实施的协调指导和监督管理；组织建立家用汽车产品三包信息公开制度，并可以依法委托相关机构建立家用汽车产品三包信息系统，承担有关信息管理等工作。

地方各级质量技术监督部门负责本行政区域内本规定实施的协调指导和监督管理。

第七条 各有关部门、机构及其工作人员对履行规定职责所知悉的商业秘密和个人信息依法负有保密义务。

第二章 生产者义务

第八条 生产者应当严格执行出厂检验制度；未经检验合格的家用汽车产品，不得出厂销售。

第九条 生产者应当向国家质检总局备案生产者基本信息、车型信息、约定的销售和修理网点资料、产品使用说明书、三包凭证、维修保养手册、三包责任争议处理和退换车信息等家用汽车产品三包有关信息，并在信息发生变化时及时更新备案。

第十条 家用汽车产品应当具有中文的产品合格证或相关证明以及产品使用说明书、三包凭证、维修保养手册等随车文件。

产品使用说明书应当符合消费品使用说明等国家标准规定的要求。家用汽车产品所具有的使用性能、安全性能在相关标准中没有规定的，其性能指标、工作条件、工作环境等要求应当在产品使用说明书中明示。

三包凭证应当包括以下内容：产品品牌、型号、车辆类型规格、车辆识别代号（VIN）、生产日期；生产者名称、地址、邮政编码、客服电话；销售者名称、地址、邮政编码、电话等销售网点资料、销售日期；修理者名称、地址、邮政编码、电话等修理网点资料或者相关查询方式；家用汽车产品三包条款、包修期和三包有效期以及按照规定要求应当明示的其他内容。

维修保养手册应当格式规范、内容实用。

随车提供工具、备件等物品的，应附有随车物品清单。

第三章　销售者义务

第十一条 销售者应当建立并执行进货检查验收制度，验明家用汽车产品合格证等相关证明和其他标识。

第十二条 销售者销售家用汽车产品，应当符合下列要求：

（一）向消费者交付合格的家用汽车产品以及发票；

（二）按照随车物品清单等随车文件向消费者交付随车工具、备件等物品；

（三）当面查验家用汽车产品的外观、内饰等现场可查验的质量状况；

（四）明示并交付产品使用说明书、三包凭证、维修保养手册等随车文件；

（五）明示家用汽车产品三包条款、包修期和三包有效期；

（六）明示由生产者约定的修理者名称、地址和联系电话等修理网点资料，但不得限制消费者在上述修理网点中自主选择修理者；

（七）在三包凭证上填写有关销售信息；

（八）提醒消费者阅读安全注意事项、按产品使用说明书的要求进行使用和维护保养。

对于进口家用汽车产品，销售者还应当明示并交付海关出具的货物进口证明和出入境检验检疫机构出具的进口机动车辆检验证明等资料。

第四章 修理者义务

第十三条 修理者应当建立并执行修理记录存档制度。书面修理记录应当一式两份，一份存档，一份提供给消费者。

修理记录内容应当包括送修时间、行驶里程、送修问题、检查结果、修理项目、更换的零部件名称和编号、材料费、工时和工时费、拖运费、提供备用车的信息或者交通费用补偿金额、交车时间、修理者和消费者签名或盖章等。

修理记录应当便于消费者查阅或复制。

第十四条 修理者应当保持修理所需要的零部件的合理储备，确保修理工作的正常进行，避免因缺少零部件而延误修理时间。

第十五条 用于家用汽车产品修理的零部件应当是生产者提供或者认可的合格零部件，且其质量不低于家用汽车产品生产装配线上的产品。

第十六条 在家用汽车产品包修期和三包有效期内，家用汽车产品出现产品质量问题或严重安全性能故障而不能安全行驶或者无法行驶的，应当提供电话咨询修理服务；电话咨询服务无法解决的，应当开展现场修理服务，并承担合理的车辆拖运费。

第五章 三包责任

第十七条 家用汽车产品包修期限不低于3年或者行驶里程60,000公里，以先到者为准；家用汽车产品三包有效期限不低于2年或者行驶里程50,000公里，以先到者为准。家用汽车产品包修期和三包有效期自销售者开具购车发票之日起计算。

第十八条 在家用汽车产品包修期内，家用汽车产品出现产品质量问题，消费者凭三包凭证由修理者免费修理（包括工时费和材料费）。

家用汽车产品自销售者开具购车发票之日起60日内或者行驶

里程3000公里之内（以先到者为准），发动机、变速器的主要零件出现产品质量问题的，消费者可以选择免费更换发动机、变速器。发动机、变速器的主要零件的种类范围由生产者明示在三包凭证上，其种类范围应当符合国家相关标准或规定，具体要求由国家质检总局另行规定。

家用汽车产品的易损耗零部件在其质量保证期内出现产品质量问题的，消费者可以选择免费更换易损耗零部件。易损耗零部件的种类范围及其质量保证期由生产者明示在三包凭证上。生产者明示的易损耗零部件的种类范围应当符合国家相关标准或规定，具体要求由国家质检总局另行规定。

第十九条 在家用汽车产品包修期内，因产品质量问题每次修理时间（包括等待修理备用件时间）超过5日的，应当为消费者提供备用车，或者给予合理的交通费用补偿。

修理时间自消费者与修理者确定修理之时起，至完成修理之时止。一次修理占用时间不足24小时的，以1日计。

第二十条 在家用汽车产品三包有效期内，符合本规定更换、退货条件的，消费者凭三包凭证、购车发票等由销售者更换、退货。

家用汽车产品自销售者开具购车发票之日起60日内或者行驶里程3000公里之内（以先到者为准），家用汽车产品出现转向系统失效、制动系统失效、车身开裂或燃油泄漏，消费者选择更换家用汽车产品或退货的，销售者应当负责免费更换或退货。

在家用汽车产品三包有效期内，发生下列情况之一，消费者选择更换或退货的，销售者应当负责更换或退货：

（一）因严重安全性能故障累计进行了2次修理，严重安全性能故障仍未排除或者又出现新的严重安全性能故障的；

（二）发动机、变速器累计更换2次后，或者发动机、变速器的同一主要零件因其质量问题，累计更换2次后，仍不能正常使用的，发动机、变速器与其主要零件更换次数不重复计算；

（三）转向系统、制动系统、悬架系统、前/后桥、车身的同一主要零件因其质量问题，累计更换 2 次后，仍不能正常使用的；

转向系统、制动系统、悬架系统、前/后桥、车身的主要零件由生产者明示在三包凭证上，其种类范围应当符合国家相关标准或规定，具体要求由国家质检总局另行规定。

第二十一条 在家用汽车产品三包有效期内，因产品质量问题修理时间累计超过 35 日的，或者因同一产品质量问题累计修理超过 5 次的，消费者可以凭三包凭证、购车发票，由销售者负责更换。

下列情形所占用的时间不计入前款规定的修理时间：

（一）需要根据车辆识别代号（VIN）等定制的防盗系统、全车线束等特殊零部件的运输时间；特殊零部件的种类范围由生产者明示在三包凭证上；

（二）外出救援路途所占用的时间。

第二十二条 在家用汽车产品三包有效期内，符合更换条件的，销售者应当及时向消费者更换新的合格的同品牌同型号家用汽车产品；无同品牌同型号家用汽车产品更换的，销售者应当及时向消费者更换不低于原车配置的家用汽车产品。

第二十三条 在家用汽车产品三包有效期内，符合更换条件，销售者无同品牌同型号家用汽车产品，也无不低于原车配置的家用汽车产品向消费者更换的，消费者可以选择退货，销售者应当负责为消费者退货。

第二十四条 在家用汽车产品三包有效期内，符合更换条件的，销售者应当自消费者要求换货之日起 15 个工作日内向消费者出具更换家用汽车产品证明。

在家用汽车产品三包有效期内，符合退货条件的，销售者应当自消费者要求退货之日起 15 个工作日内向消费者出具退车证明，并负责为消费者按发票价格一次性退清货款。

家用汽车产品更换或退货的,应当按照有关法律法规规定办理车辆登记等相关手续。

第二十五条 按照本规定更换或者退货的,消费者应当支付因使用家用汽车产品所产生的合理使用补偿,销售者依照本规定应当免费更换、退货的除外。

合理使用补偿费用的计算公式为:〔(车价款(元)×行驶里程(km))/1000〕×n。使用补偿系数 n 由生产者根据家用汽车产品使用时间、使用状况等因素在 0.5%至 0.8%之间确定,并在三包凭证中明示。

家用汽车产品更换或者退货的,发生的税费按照国家有关规定执行。

第二十六条 在家用汽车产品三包有效期内,消费者书面要求更换、退货的,销售者应当自收到消费者书面要求更换、退货之日起 10 个工作日内,作出书面答复。逾期未答复或者未按本规定负责更换、退货的,视为故意拖延或者无正当理由拒绝。

第二十七条 消费者遗失家用汽车产品三包凭证的,销售者、生产者应当在接到消费者申请后 10 个工作日内予以补办。消费者向销售者、生产者申请补办三包凭证后,可以依照本规定继续享有相应权利。

按照本规定更换家用汽车产品后,销售者、生产者应当向消费者提供新的三包凭证,家用汽车产品包修期和三包有效期自更换之日起重新计算。

在家用汽车产品包修期和三包有效期内发生家用汽车产品所有权转移的,三包凭证应当随车转移,三包责任不因汽车所有权转移而改变。

第二十八条 经营者破产、合并、分立、变更的,其三包责任按照有关法律法规规定执行。

第六章　三包责任免除

第二十九条　易损耗零部件超出生产者明示的质量保证期出现产品质量问题的，经营者可以不承担本规定所规定的家用汽车产品三包责任。

第三十条　在家用汽车产品包修期和三包有效期内，存在下列情形之一的，经营者对所涉及产品质量问题，可以不承担本规定所规定的三包责任：

（一）消费者所购家用汽车产品已被书面告知存在瑕疵的；

（二）家用汽车产品用于出租或者其他营运目的的；

（三）使用说明书中明示不得改装、调整、拆卸，但消费者自行改装、调整、拆卸而造成损坏的；

（四）发生产品质量问题，消费者自行处置不当而造成损坏的；

（五）因消费者未按照使用说明书要求正确使用、维护、修理产品，而造成损坏的；

（六）因不可抗力造成损坏的。

第三十一条　在家用汽车产品包修期和三包有效期内，无有效发票和三包凭证的，经营者可以不承担本规定所规定的三包责任。

第七章　争议的处理

第三十二条　家用汽车产品三包责任发生争议的，消费者可以与经营者协商解决；可以依法向各级消费者权益保护组织等第三方社会中介机构请求调解解决；可以依法向质量技术监督部门等有关行政部门申诉进行处理。

家用汽车产品三包责任争议双方不愿通过协商、调解解决或者协商、调解无法达成一致的，可以根据协议申请仲裁，也可以依法向人民法院起诉。

第三十三条　经营者应当妥善处理消费者对家用汽车产品三包

问题的咨询、查询和投诉。

经营者和消费者应积极配合质量技术监督部门等有关行政部门、有关机构等对家用汽车产品三包责任争议的处理。

第三十四条 省级以上质量技术监督部门可以组织建立家用汽车产品三包责任争议处理技术咨询人员库，为争议处理提供技术咨询；经争议双方同意，可以选择技术咨询人员参与争议处理，技术咨询人员咨询费用由双方协商解决。

经营者和消费者应当配合质量技术监督部门家用汽车产品三包责任争议处理技术咨询人员库建设，推荐技术咨询人员，提供必要的技术咨询。

第三十五条 质量技术监督部门处理家用汽车产品三包责任争议，按照产品质量申诉处理有关规定执行。

第三十六条 处理家用汽车产品三包责任争议，需要对相关产品进行检验和鉴定的，按照产品质量仲裁检验和产品质量鉴定有关规定执行。

第八章 罚 则

第三十七条 违反本规定第九条规定的，予以警告，责令限期改正，处1万元以上3万元以下罚款。

第三十八条 违反本规定第十条规定，构成有关法律法规规定的违法行为的，依法予以处罚；未构成有关法律法规规定的违法行为的，予以警告，责令限期改正；情节严重的，处1万元以上3万元以下罚款。

第三十九条 违反本规定第十二条规定，构成有关法律法规规定的违法行为的，依法予以处罚；未构成有关法律法规规定的违法行为的，予以警告，责令限期改正；情节严重的，处3万元以下罚款。

第四十条 违反本规定第十三条、第十四条、第十五条或第十六条规定的，予以警告，责令限期改正；情节严重的，处3万元以下罚款。

第四十一条 未按本规定承担三包责任的，责令改正，并依法向社会公布。

第四十二条 本规定所规定的行政处罚，由县级以上质量技术监督部门等部门在职权范围内依法实施，并将违法行为记入质量信用档案。

第九章 附 则

第四十三条 本规定下列用语的含义：

家用汽车产品，是指消费者为生活消费需要而购买和使用的乘用车。

乘用车，是指相关国家标准规定的除专用乘用车之外的乘用车。

生产者，是指在中华人民共和国境内依法设立的生产家用汽车产品并以其名义颁发产品合格证的单位。从中华人民共和国境外进口家用汽车产品到境内销售的单位视同生产者。

销售者，是指以自己的名义向消费者直接销售、交付家用汽车产品并收取货款、开具发票的单位或者个人。

修理者，是指与生产者或销售者订立代理修理合同，依照约定为消费者提供家用汽车产品修理服务的单位或者个人。

经营者，包括生产者、销售者、向销售者提供产品的其他销售者、修理者等。

产品质量问题，是指家用汽车产品出现影响正常使用、无法正常使用或者产品质量与法规、标准、企业明示的质量状况不符合的情况。

严重安全性能故障，是指家用汽车产品存在危及人身、财产安全的产品质量问题，致使消费者无法安全使用家用汽车产品，包括出现安全装置不能起到应有的保护作用或者存在起火等危险情况。

第四十四条 按照本规定更换、退货的家用汽车产品再次销售的,应当经检验合格并明示该车是"三包换退车"以及更换、退货的原因。

"三包换退车"的三包责任按合同约定执行。

第四十五条 本规定涉及的有关信息系统以及信息公开和管理、生产者信息备案、三包责任争议处理技术咨询人员库管理等具体要求由国家质检总局另行规定。

第四十六条 有关法律、行政法规对家用汽车产品的修理、更换、退货等另有规定的,从其规定。

第四十七条 本规定由国家质量监督检验检疫总局负责解释。

第四十八条 本规定自2013年10月1日起施行。

关于进一步加强客货运驾驶人安全管理工作的意见

公通字〔2012〕5号

各省、自治区、直辖市公安厅、局,交通运输厅(局、委),新疆生产建设兵团公安局、交通运输局:

为贯彻国务院2011年第165次常务会议和国务院安委会全体会议精神,深入排查治理安全隐患,进一步加强客货运驾驶人安全管理,有效防范和遏制重特大道路交通事故,提出以下工作意见:

一、严格大中型客货车驾驶人培训考试

(一)严格驾驶人培训和考试要求

各地要严格按照交通运输部、公安部的规定,落实驾驶人培训和考试要求。大中型客货车驾驶人考试要严格落实夜间驾驶、低能见度气象条件考试。其中,大中型客车要增加模拟高速公路、连续急弯路、临水临崖、雨天、冰雪或者湿滑路、突发情况处置等方面的培训和考试,同时要增加山区、隧道、陡坡、高速公路等复杂条件实际道路驾驶培训和考试,考试路线和考试里程要能够满足以上要求。省级公安机关交通管理部门和道路运输管理机构要在具备条件的地区试点建立集中或分片集中的大型客车驾驶人培训、考试中心。

(二)加强驾驶人培训考试衔接

道路运输管理机构要全面推广应用计算机计时培训管理系统,鼓励大中型客货教练车安装应用卫星定位系统。2012年4月1日起,大中型客货车驾驶人培训要全部应用计算机计时管理系统,2012年10月1日起,其他汽车类驾驶人培训要全部应用计算机计时培训管理系统。计时管理系统要与道路运输管理机构和公安机关交通管理部门相关系统对接,实现信息共享。对不符合规定要求的驾驶培训机构,道路运输管理机构暂停其培训工作,公安机关交通管理部门暂停受理其考试申请。公安机关交通管理部门受理驾驶培训机构统一申报的大型客车、中型客车、牵引车、大型货车准驾车型实际道路考试预约时,要审核申请人的相关培训信息是否符合《驾驶员培训教学大纲》要求。

(三)强化培训和考试质量监督

道路运输管理机构要督促驾驶培训机构严格落实《驾驶员培训教学大纲》,加强对驾驶培训教练员的管理,积极推进规范化教学。公安机关交通管理部门要对驾驶培训机构教练员、教练车、训练场地等情况进行备案,并联合道路运输管理机构根据《驾驶员培训教学大纲》要求核定其培训能力,确定受理考试人数,并向社会公布。公安机关交通管理部门要严格执行驾驶人考试项目和评判标准,推广应用科技评判和监控手段,加强异常业务核查,加大驾驶人考试工作监管力度。道路运输管理机构、公安机关交通管理部门应当定期对驾驶培训机构的培训质量、考试合格率、诚信经营等进行分析、排名,向社会公布。

二、严格客货运驾驶人从业资格管理

(四)规范客货运驾驶人职业准入

从事大中型客货车营运的驾驶人必须符合下列条件:取得相应的机动车驾驶证;年龄不超过60周岁;3年内无重大以上交通责任事故和交通违法记满12分记录;经道路运输驾驶员从业资格考试合格,取得从业资格证件。驾驶人在申请参加道路运输驾驶员从业资格考试时,必须取得公安机关交通管理部门出具的3年内无重大以上交通责任事故和交通违法记满12分记录的证明。从事危险化学品运输的驾驶人,还应当掌握各类危险化学品特性、应急处置常识等专业知识。

（五）严格客货运驾驶人聘用

道路运输企业要严格对新聘用大中型客货车驾驶人从业资格和安全驾驶记录进行审查，不得聘用未取得从业资格证件的驾驶人。对新聘用的大中型客货车驾驶人，应当组织参加公安机关交通管理部门组织的道路交通安全法律、法规学习和交通事故案例警示教育。要每月将聘用的大中型客货车驾驶人信息向道路运输管理机构和公安机关交通管理部门备案，并督促驾驶人及时处理道路交通安全违法行为、交通事故和参加机动车驾驶证审验。

（六）实现营运驾驶人信息共享

道路运输管理机构要会同公安机关交通管理部门建立大中型客货车从业人员电子信息管理档案，包括驾驶证件、从业资格证件、从业信息、交通违法和事故、继续教育记录等。公安机关交通管理部门要每月向道路运输管理机构和道路运输企业通报大中型客货车驾驶人的违法、记分、事故情况。2012年6月底前，地市级道路运输管理机构要会同同级公安机关交通管理部门建立营运大中型客货车驾驶人信息管理平台，实现营运大中型客货车驾驶人驾驶证信息、从业信息、交通违法和事故等信息共享。

（七）建立客货运驾驶人退出机制

道路运输管理机构要督促企业加强对大中型客货车驾驶人诚信考核，对存在重大安全隐患的，应及时调离驾驶人工作岗位；对营运大中型客货车驾驶人发生重大以上交通事故，且负主要责任的，由道路运输管理机构吊销其从业资格证件。从事营运的大中型客货车驾驶人被吊销从业资格证件的，3年内不得重新申请参加从业资格考试。道路运输管理机构要会同公安机关交通管理部门建立被吊销从业资格证件的营运驾驶人"黑名单"库，并定期向社会公布。

三、严格客货运驾驶人日常教育管理

（八）加强交通安全宣传教育

地市级道路运输管理机构要会同同级公安机关交通管理部门

督促道路运输企业组织客货运驾驶人继续教育，强化从业人员职业道德和安全警示教育。对持有从业资格证件的大中型客货车驾驶人每两年要进行不少于24个学时的继续教育，重点加强典型事故案例警示以及恶劣天气和复杂道路驾驶常识、紧急避险、应急救援处置等方面的教育。道路运输企业要加强对客货运驾驶人的教育、培训和考核，督促参加继续教育。道路运输管理机构、公安机关交通管理部门要完善客运场站、高速公路及国省道沿线服务区、收费站的交通安全宣传设施建设，营造交通安全宣传氛围。

（九）推行客运安全告知制度

道路运输管理机构要督促客运企业和客运驾驶人严格按照要求落实安全告知制度。要由乘务员或驾驶人在发车前向乘客告知安全服务内容；要在车内明显位置标示客运车辆核定载客人数、经批准的停靠站点和投诉举报电话。2012年6月底前，所有省际班线客运车辆和省际旅游客车必须实行安全告知制度。

（十）强化卫星定位监控系统应用

2012年2月1日起，没有按照规定安装卫星定位装置或未接入全国联网联控系统的车辆，道路运输管理机构要暂停营运车辆资格审验。道路运输企业和客运场站要充分运用卫星定位监控手段加强对车辆和驾驶人的日常监督，按照规定及时纠正和处理超速、疲劳驾驶等违法行为，违法信息应至少保留1年。道路运输管理机构和公安机关交通管理部门要利用全国重点营运车辆联网联控系统提供的监管手段，依据法定职责，实施联合监管。道路运输管理机构负责建立营运车辆动态信息公共服务平台，实现与全国重点营运车辆联网联控系统的联网，利用动态监控手段加强运输市场秩序管理，并向公安机关交通管理部门开放数据传送；公安机关交通管理部门根据符合标准的卫星定位装置采集的监控记录资料，依法查处超速、疲劳驾驶等交通违法行为。

（十一）严厉查处客货运驾驶人违法行为

道路运输企业要督促驾驶人严格遵守道路交通安全和运输管理法律法规，严格落实强制休息制度，客货运驾驶人24小时内驾驶时间不得超过8个小时（特殊情况下可延长2小时，但每月延长的总时间不超过36小时），连续驾驶时间不得超过4个小时。公安机关交通管理部门要加强对交通事故多发路段和时段的管控，依法从严查处大中型客货车、校车超速、超员、超载、疲劳驾驶等严重交通违法行为。道路运输管理机构要加强道路运输监督检查，重点对道路运输及相关业务经营场所、客货集散地进行监督检查，从严查处客货运驾驶人道路运输违法违规行为，对发现车辆超员的，应当予以制止，并责令其安排旅客改乘。

（十二）加强客货运驾驶人权益保障和服务

道路运输管理机构要会同有关部门，建立客货运驾驶人行业自治组织，保障客货运驾驶人权益，畅通客货运驾驶人合理反映诉求渠道；督促道路运输企业提高驾驶人工资待遇，落实医疗、养老等社会保障；做好车辆安全检查保养，配齐安全装备，合理安排班次，保障驾驶人休息，不得强迫疲劳驾驶。公安机关交通管理部门要通过手机短信服务平台，为道路运输企业及其驾驶人提供交通违法记分、重特大道路交通事故、恶劣天气预警等信息提示服务；要依托交通安全服务站，为驾驶人提供指路、饮水和交通违法查询等服务。

（十三）加强社会监督

省级公安机关交通管理部门和道路运输管理机构要联合制定客货运车辆严重交通违法行为有奖举报办法，建立举报奖励制度，落实举报奖励经费，发动群众通过电话和手机短信等方式监督举报。对投诉举报的违法违规行为一经查实，要严格依法处罚，并计入对驾驶人和车辆所属企业的质量信誉考核档案。要在互联网、报纸、电视等媒体开辟专栏，表扬诚信安全运营的企业及其驾驶人，曝光事故违法多、群众投诉多的企业及其驾驶人；对发生死亡事故的，还要公布驾驶人培训、考试和车辆登记、检验等情况及事故责任倒查、处理情况，供社会群众选择服务企业，并进行监督。

四、严格违规问题责任追究

（十四）严格违规从事营运责任追究

对不按批准的客运站点停靠或者不按规定的线路、公布的班次行驶的，由县级以上道路运输管理机构依法责令整改，处1000元以上3000元以下的罚款；情节严重的，由原许可机关吊销道路运输经营许可证。未取得相应从业资格证件驾驶道路客货运输车辆的，由道路运输管理机构依法责令改正，处200元以上2000元以下的罚款；构成犯罪的，依法追究刑事责任。道路运输企业聘用未取得从业资格证件的驾驶人的，由道路运输管理机构责令改正，并严肃追究企业安全管理人员责任。

（十五）严格重点交通违法行为责任追究

对同一道路运输企业两年以内累计发生2次以上超员、超载违法行为的，公安机关交通管理部门要依法对企业主要负责人、主管安全和经营的企业负责人、部门负责人以及安全管理人员，分别处以2000元以上5000元以下罚款。对运输企业或者学校强迫大中型客货车、校车驾驶人违法驾驶，造成事故尚不构成犯罪的，对企业或者学校相关负责人员依法予以拘留。道路运输管理机构要督促企业对公安机关交通管理部门抄送的车辆和驾驶人的违法信息及时进行处理，将相关记录根据企业质量信誉考核和驾驶人诚信考核要求计入企业和驾驶人的考核周期，并按照考核办法要求进行处罚。

（十六）严格违规培训考试责任追究

对考试合格率排名靠后、培训质量和服务质量低的驾驶培训机构，道路运输管理机构暂停其培训工作，公安机关交通管理部门暂停受理考试申请。对驾驶培训机构及其教练员存在缩短培训学时、减少培训项目、到外地招揽学员，以及存在贿赂考试员、以承诺考试合格等名义向学员索取钱物、参与违规办理驾驶证或者考试舞弊的,道路运输管理机构要责令停业整顿,整顿不到位的,吊销其经营许可,公安机关交通管理部门停止受理其报考申请,构成犯罪的,依法追究刑事责任。对道路运输管理人员不严格审核申请材料,交通民警减少驾驶人考试项目、降低评判标准或者参与、协助、纵容驾驶人考试作弊的,从严追究责任。聘用人员实施上述行为的,一律解聘。

(十七) 开展重特大道路交通事故责任倒查

对营运大中型客货车发生一次死亡3人以上道路交通事故的,由省级公安机关交通管理部门和道路运输管理机构会同有关部门按照《道路交通安全法》、《安全生产法》和《生产安全事故报告和调查处理条例》(国务院令第493号)进行责任追究。发生一次死亡10人以上责任事故的企业负责人,依法撤销职务,并在5年内不得担任道路运输企业主要负责人;构成犯罪的,依法追究刑事责任。对发生一次死亡10人以上或者6个月内发生2起死亡3人以上责任事故的企业,由道路运输管理机构依法责令停业整顿,经停业整顿仍不具备安全生产条件的,吊销其道路运输经营许可证或者吊销相应的经营范围;停业整顿后符合安全生产条件的,客运企业3年内不得新增客运班线,旅游企业3年内不得新增旅游车辆。

中华人民共和国公安部
中华人民共和国交通运输部
二〇一二年一月二十日

网络预约出租汽车经营服务
管理暂行办法

交通运输部　工业和信息化部
公安部　商务部　工商总局
质检总局　国家网信办令
2016 年第 60 号

《网络预约出租汽车经营服务管理暂行办法》已于2016年7月14日经交通运输部第15次部务会议通过，并经工业和信息化部、公安部、商务部、工商总局、质检总局、国家网信办同意，现予公布，自2016年11月1日起施行。

交通运输部部长
工业和信息化部部长
公安部部长
商务部部长
工商总局局长
质检总局局长
国家网信办主任
2016 年 7 月 27 日

第一章 总 则

第一条 为更好地满足社会公众多样化出行需求，促进出租汽车行业和互联网融合发展，规范网络预约出租汽车经营服务行为，保障运营安全和乘客合法权益，根据国家有关法律、行政法规，制定本办法。

第二条 从事网络预约出租汽车（以下简称网约车）经营服务，应当遵守本办法。

本办法所称网约车经营服务，是指以互联网技术为依托构建服务平台，整合供需信息，使用符合条件的车辆和驾驶员，提供非巡游的预约出租汽车服务的经营活动。

本办法所称网络预约出租汽车经营者（以下称网约车平台公司），是指构建网络服务平台，从事网约车经营服务的企业法人。

第三条 坚持优先发展城市公共交通、适度发展出租汽车，按照高品质服务、差异化经营的原则，有序发展网约车。

网约车运价实行市场调节价，城市人民政府认为有必要实行政府指导价的除外。

第四条 国务院交通运输主管部门负责指导全国网约车管理工作。

各省、自治区人民政府交通运输主管部门在本级人民政府领导下，负责指导本行政区域内网约车管理工作。

直辖市、设区的市级或者县级交通运输主管部门或人民政府指定的其他出租汽车行政主管部门（以下称出租汽车行政主管部门）在本级人民政府领导下，负责具体实施网约车管理。

其他有关部门依据法定职责，对网约车实施相关监督管理。

第二章 网约车平台公司

第五条 申请从事网约车经营的，应当具备线上线下服务能

力,符合下列条件:
（一）具有企业法人资格;
（二）具备开展网约车经营的互联网平台和与拟开展业务相适应的信息数据交互及处理能力,具备供交通、通信、公安、税务、网信等相关监管部门依法调取查询相关网络数据信息的条件,网络服务平台数据库接入出租汽车行政主管部门监管平台,服务器设置在中国内地,有符合规定的网络安全管理制度和安全保护技术措施;
（三）使用电子支付的,应当与银行、非银行支付机构签订提供支付结算服务的协议;
（四）有健全的经营管理制度、安全生产管理制度和服务质量保障制度;
（五）在服务所在地有相应服务机构及服务能力;
（六）法律法规规定的其他条件。
外商投资网约车经营的,除符合上述条件外,还应当符合外商投资相关法律法规的规定。
第六条　申请从事网约车经营的,应当根据经营区域向相应的出租汽车行政主管部门提出申请,并提交以下材料:
（一）网络预约出租汽车经营申请表;
（二）投资人、负责人身份、资信证明及其复印件,经办人的身份证明及其复印件和委托书;
（三）企业法人营业执照,属于分支机构的还应当提交营业执照,外商投资企业还应当提供外商投资企业批准证书;
（四）服务所在地办公场所、负责人员和管理人员等信息;
（五）具备互联网平台和信息数据交互及处理能力的证明材料,具备供交通、通信、公安、税务、网信等相关监管部门依法调取查询相关网络数据信息条件的证明材料,数据库接入情况说明,服务器设置在中国内地的情况说明,依法建立并落实网络安全管理制度和安全保护技术措施的证明材料；

（六）使用电子支付的，应当提供与银行、非银行支付机构签订的支付结算服务协议；

（七）经营管理制度、安全生产管理制度和服务质量保障制度文本；

（八）法律法规要求提供的其他材料。

首次从事网约车经营的，应当向企业注册地相应出租汽车行政主管部门提出申请，前款第（五）、第（六）项有关线上服务能力材料由网约车平台公司注册地省级交通运输主管部门商同级通信、公安、税务、网信、人民银行等部门审核认定，并提供相应认定结果，认定结果全国有效。网约车平台公司在注册地以外申请从事网约车经营的，应当提交前款第（五）、第（六）项有关线上服务能力认定结果。

其他线下服务能力材料，由受理申请的出租汽车行政主管部门进行审核。

第七条 出租汽车行政主管部门应当自受理之日起20日内作出许可或者不予许可的决定。20日内不能作出决定的，经实施机关负责人批准，可以延长10日，并应当将延长期限的理由告知申请人。

第八条 出租汽车行政主管部门对于网约车经营申请作出行政许可决定的，应当明确经营范围、经营区域、经营期限等，并发放《网络预约出租汽车经营许可证》。

第九条 出租汽车行政主管部门对不符合规定条件的申请作出不予行政许可决定的，应当向申请人出具《不予行政许可决定书》。

第十条 网约车平台公司应当在取得相应《网络预约出租汽车经营许可证》并向企业注册地省级通信主管部门申请互联网信息服务备案后，方可开展相关业务。备案内容包括经营者真实身份信息、接入信息、出租汽车行政主管部门核发的《网络预约出租汽车经营许可证》等。涉及经营电信业务的，还应当符合电信管理的相关规定。

网约车平台公司应当自网络正式联通之日起 30 日内，到网约车平台公司管理运营机构所在地的省级人民政府公安机关指定的受理机关办理备案手续。

第十一条 网约车平台公司暂停或者终止运营的，应当提前 30 日向服务所在地出租汽车行政主管部门书面报告，说明有关情况，通告提供服务的车辆所有人和驾驶员，并向社会公告。终止经营的，应当将相应《网络预约出租汽车经营许可证》交回原许可机关。

第三章　网约车车辆和驾驶员

第十二条 拟从事网约车经营的车辆，应当符合以下条件：

（一）7 座及以下乘用车；

（二）安装具有行驶记录功能的车辆卫星定位装置、应急报警装置；

（三）车辆技术性能符合运营安全相关标准要求。

车辆的具体标准和营运要求，由相应的出租汽车行政主管部门，按照高品质服务、差异化经营的发展原则，结合本地实际情况确定。

第十三条 服务所在地出租汽车行政主管部门依车辆所有人或者网约车平台公司申请，按第十二条规定的条件审核后，对符合条件并登记为预约出租客运的车辆，发放《网络预约出租汽车运输证》。

城市人民政府对网约车发放《网络预约出租汽车运输证》另有规定的，从其规定。

第十四条 从事网约车服务的驾驶员，应当符合以下条件：

（一）取得相应准驾车型机动车驾驶证并具有3年以上驾驶经历；

（二）无交通肇事犯罪、危险驾驶犯罪记录，无吸毒记录，无饮酒后驾驶记录，最近连续3个记分周期内没有记满12分记录；

（三）无暴力犯罪记录；

（四）城市人民政府规定的其他条件。

第十五条　服务所在地设区的市级出租汽车行政主管部门依驾驶员或者网约车平台公司申请，按第十四条规定的条件核查并按规定考核后，为符合条件且考核合格的驾驶员，发放《网络预约出租汽车驾驶员证》。

第四章　网约车经营行为

第十六条　网约车平台公司承担承运人责任，应当保证运营安全，保障乘客合法权益。

第十七条　网约车平台公司应当保证提供服务车辆具备合法营运资质，技术状况良好，安全性能可靠，具有营运车辆相关保险，保证线上提供服务的车辆与线下实际提供服务的车辆一致，并将车辆相关信息向服务所在地出租汽车行政主管部门报备。

第十八条　网约车平台公司应当保证提供服务的驾驶员具有合法从业资格，按照有关法律法规规定，根据工作时长、服务频次等特点，与驾驶员签订多种形式的劳动合同或者协议，明确双方的权利和义务。网约车平台公司应当维护和保障驾驶员合法权益，开展有关法律法规、职业道德、服务规范、安全运营等方面的岗前培训和日常教育，保证线上提供服务的驾驶员与线下实际提供服务的驾驶员一致，并将驾驶员相关信息向服务所在地出租汽车行政主管部门报备。

网约车平台公司应当记录驾驶员、约车人在其服务平台发布的信息内容、用户注册信息、身份认证信息、订单日志、上网日志、网上交易日志、行驶轨迹日志等数据并备份。

第十九条 网约车平台公司应当公布确定符合国家有关规定的计程计价方式，明确服务项目和质量承诺，建立服务评价体系和乘客投诉处理制度，如实采集与记录驾驶员服务信息。在提供网约车服务时，提供驾驶员姓名、照片、手机号码和服务评价结果，以及车辆牌照等信息。

第二十条 网约车平台公司应当合理确定网约车运价，实行明码标价，并向乘客提供相应的出租汽车发票。

第二十一条 网约车平台公司不得妨碍市场公平竞争，不得侵害乘客合法权益和社会公共利益。

网约车平台公司不得有为排挤竞争对手或者独占市场，以低于成本的价格运营扰乱正常市场秩序，损害国家利益或者其他经营者合法权益等不正当价格行为，不得有价格违法行为。

第二十二条 网约车应当在许可的经营区域内从事经营活动，超出许可的经营区域的，起讫点一端应当在许可的经营区域内。

第二十三条 网约车平台公司应当依法纳税，为乘客购买承运人责任险等相关保险，充分保障乘客权益。

第二十四条 网约车平台公司应当加强安全管理，落实运营、网络等安全防范措施，严格数据安全保护和管理，提高安全防范和抗风险能力，支持配合有关部门开展相关工作。

第二十五条 网约车平台公司和驾驶员提供经营服务应当符合国家有关运营服务标准，不得途中甩客或者故意绕道行驶，不得违规收费，不得对举报、投诉其服务质量或者对其服务作出不满意评价的乘客实施报复行为。

第二十六条 网约车平台公司应当通过其服务平台以显著方式将驾驶员、约车人和乘客等个人信息的采集和使用的目的、方式和范围进行告知。未经信息主体明示同意，网约车平台公司不得使用前述个人信息用于开展其他业务。

网约车平台公司采集驾驶员、约车人和乘客的个人信息，不得超越提供网约车业务所必需的范围。

除配合国家机关依法行使监督检查权或者刑事侦查权外，网约车平台公司不得向任何第三方提供驾驶员、约车人和乘客的姓名、联系方式、家庭住址、银行账户或者支付账户、地理位置、出行线路等个人信息，不得泄露地理坐标、地理标志物等涉及国家安全的敏感信息。发生信息泄露后，网约车平台公司应当及时向相关主管部门报告，并采取及时有效的补救措施。

第二十七条 网约车平台公司应当遵守国家网络和信息安全有关规定，所采集的个人信息和生成的业务数据，应当在中国内地存储和使用，保存期限不少于2年，除法律法规另有规定外，上述信息和数据不得外流。

网约车平台公司不得利用其服务平台发布法律法规禁止传播的信息，不得为企业、个人及其他团体、组织发布有害信息提供便利，并采取有效措施过滤阻断有害信息传播。发现他人利用其网络服务平台传播有害信息的，应当立即停止传输，保存有关记录，并向国家有关机关报告。

网约车平台公司应当依照法律规定，为公安机关依法开展国家安全工作，防范、调查违法犯罪活动提供必要的技术支持与协助。

第二十八条 任何企业和个人不得向未取得合法资质的车辆、驾驶员提供信息对接开展网约车经营服务。不得以私人小客车合乘名义提供网约车经营服务。

网约车车辆和驾驶员不得通过未取得经营许可的网络服务平台提供运营服务。

第五章　监督检查

第二十九条 出租汽车行政主管部门应当建设和完善政府监管

平台，实现与网约车平台信息共享。共享信息应当包括车辆和驾驶员基本信息、服务质量以及乘客评价信息等。

出租汽车行政主管部门应当加强对网约车市场监管，加强对网约车平台公司、车辆和驾驶员的资质审查与证件核发管理。

出租汽车行政主管部门应当定期组织开展网约车服务质量测评，并及时向社会公布本地区网约车平台公司基本信息、服务质量测评结果、乘客投诉处理情况等信息。

出租汽车行政主管、公安等部门有权根据管理需要依法调取查阅管辖范围内网约车平台公司的登记、运营和交易等相关数据信息。

第三十条　通信主管部门和公安、网信部门应当按照各自职责，对网约车平台公司非法收集、存储、处理和利用有关个人信息、违反互联网信息服务有关规定、危害网络和信息安全、应用网约车服务平台发布有害信息或者为企业、个人及其他团体组织发布有害信息提供便利的行为，依法进行查处，并配合出租汽车行政主管部门对认定存在违法违规行为的网约车平台公司进行依法处置。

公安机关、网信部门应当按照各自职责监督检查网络安全管理制度和安全保护技术措施的落实情况，防范、查处有关违法犯罪活动。

第三十一条　发展改革、价格、通信、公安、人力资源社会保障、商务、人民银行、税务、工商、质检、网信等部门按照各自职责，对网约车经营行为实施相关监督检查，并对违法行为依法处理。

第三十二条　各有关部门应当按照职责建立网约车平台公司和驾驶员信用记录，并纳入全国信用信息共享平台。同时将网约车平台公司行政许可和行政处罚等信用信息在全国企业信用信息公示系统上予以公示。

第三十三条　出租汽车行业协会组织应当建立网约车平台公司和驾驶员不良记录名单制度，加强行业自律。

第六章　法律责任

第三十四条　违反本规定,有下列行为之一的,由县级以上出租汽车行政主管部门责令改正,予以警告,并处以10000元以上30000元以下罚款;构成犯罪的,依法追究刑事责任:

(一) 未取得经营许可,擅自从事或者变相从事网约车经营活动的;

(二) 伪造、变造或者使用伪造、变造、失效的《网络预约出租汽车运输证》《网络预约出租汽车驾驶员证》从事网约车经营活动的。

第三十五条　网约车平台公司违反本规定,有下列行为之一的,由县级以上出租汽车行政主管部门和价格主管部门按照职责责令改正,对每次违法行为处以5000元以上10000元以下罚款;情节严重的,处以10000元以上30000元以下罚款:

(一) 提供服务车辆未取得《网络预约出租汽车运输证》,或者线上提供服务车辆与线下实际提供服务车辆不一致的;

(二) 提供服务驾驶员未取得《网络预约出租汽车驾驶员证》,或者线上提供服务驾驶员与线下实际提供服务驾驶员不一致的;

(三) 未按照规定保证车辆技术状况良好的;

(四) 起讫点均不在许可的经营区域从事网约车经营活动的;

(五) 未按照规定将提供服务的车辆、驾驶员相关信息向服务所在地出租汽车行政主管部门报备的;

(六) 未按照规定制定服务质量标准、建立并落实投诉举报制度的;

(七) 未按照规定提供共享信息,或者不配合出租汽车行政主管部门调取查阅相关数据信息的;

(八) 未履行管理责任,出现甩客、故意绕道、违规收费等严重违反国家相关运营服务标准行为的。

网约车平台公司不再具备线上线下服务能力或者有严重违法行为的，由县级以上出租汽车行政主管部门依据相关法律法规的有关规定责令停业整顿、吊销相关许可证件。

第三十六条　网约车驾驶员违反本规定，有下列情形之一的，由县级以上出租汽车行政主管部门和价格主管部门按照职责责令改正，对每次违法行为处以50元以上200元以下罚款：

（一）未按照规定携带《网络预约出租汽车运输证》、《网络预约出租汽车驾驶员证》的；

（二）途中甩客或者故意绕道行驶的；

（三）违规收费的；

（四）对举报、投诉其服务质量或者对其服务作出不满意评价的乘客实施报复行为的。

网约车驾驶员不再具备从业条件或者有严重违法行为的，由县级以上出租汽车行政主管部门依据相关法律法规的有关规定撤销或者吊销从业资格证件。

对网约车驾驶员的行政处罚信息计入驾驶员和网约车平台公司信用记录。

第三十七条　网约车平台公司违反本规定第十、十八、二十六、二十七条有关规定的，由网信部门、公安机关和通信主管部门按各自职责依照相关法律法规规定给予处罚；给信息主体造成损失的，依法承担民事责任；涉嫌犯罪的，依法追究刑事责任。

网约车平台公司及网约车驾驶员违法使用或者泄露约车人、乘客个人信息的，由公安、网信等部门依照各自职责处以2000元以上10000元以下罚款；给信息主体造成损失的，依法承担民事责任；涉嫌犯罪的，依法追究刑事责任。

网约车平台公司拒不履行或者拒不按要求为公安机关依法开展国家安全工作，防范、调查违法犯罪活动提供技术支持与协助的，由公安机关依法予以处罚；构成犯罪的，依法追究刑事责任。

第七章 附 则

第三十八条 私人小客车合乘,也称为拼车、顺风车,按城市人民政府有关规定执行。

第三十九条 网约车行驶里程达到 60 万千米时强制报废。行驶里程未达到 60 万千米但使用年限达到 8 年时,退出网约车经营。

小、微型非营运载客汽车登记为预约出租客运的,按照网约车报废标准报废。其他小、微型营运载客汽车登记为预约出租客运的,按照该类型营运载客汽车报废标准和网约车报废标准中先行达到的标准报废。

省、自治区、直辖市人民政府有关部门要结合本地实际情况,制定网约车报废标准的具体规定,并报国务院商务、公安、交通运输等部门备案。

第四十条 本办法自 2016 年 11 月 1 日起实施。各地可根据本办法结合本地实际制定具体实施细则。

二手车流通管理办法

中华人民共和国商务部
中华人民共和国公安部
国家工商总局
国家税务总局令
2005 年第 2 号

《二手车流通管理办法》已经 2004 年 12 月 18 日商务部第 18 次部务会议审议通过,并经公安部、工商总局、税务总局同意,现予公布,自 2005 年 10 月 1 日起施行。

二〇〇五年八月二十九日

第一章 总 则

第一条 为加强二手车流通管理,规范二手车经营行为,保障二手车交易双方的合法权益,促进二手车流通健康发展,依据国家有关法律、行政法规,制定本办法。

第二条 在中华人民共和国境内从事二手车经营活动或者与二手车相关的活动,适用本办法。

本办法所称二手车，是指从办理完注册登记手续到达到国家强制报废标准之前进行交易并转移所有权的汽车（包括三轮汽车、低速载货汽车，即原农用运输车，下同）、挂车和摩托车。

第三条　二手车交易市场是指依法设立、为买卖双方提供二手车集中交易和相关服务的场所。

第四条　二手车经营主体是指经工商行政管理部门依法登记，从事二手车经销、拍卖、经纪、鉴定评估的企业。

第五条　二手车经营行为是指二手车经销、拍卖、经纪、鉴定评估等。

（一）二手车经销是指二手车经销企业收购、销售二手车的经营活动；

（二）二手车拍卖是指二手车拍卖企业以公开竞价的形式将二手车转让给最高应价者的经营活动；

（三）二手车经纪是指二手车经纪机构以收取佣金为目的，为促成他人交易二手车而从事居间、行纪或者代理等经营活动；

（四）二手车鉴定评估是指二手车鉴定评估机构对二手车技术状况及其价值进行鉴定评估的经营活动。

第六条　二手车直接交易是指二手车所有人不通过经销企业、拍卖企业和经纪机构将车辆直接出售给买方的交易行为。二手车直接交易应当在二手车交易市场进行。

第七条　国务院商务主管部门、工商行政管理部门、税务部门在各自的职责范围内负责二手车流通有关监督管理工作。

省、自治区、直辖市和计划单列市商务主管部门（以下简称省级商务主管部门）、工商行政管理部门、税务部门在各自的职责范围内负责辖区内二手车流通有关监督管理工作。

第二章　设立条件和程序

第八条　二手车交易市场经营者、二手车经销企业和经纪机构应当具备企业法人条件,并依法到工商行政管理部门办理登记。

第九条 二手车鉴定评估机构应当具备下列条件:

(一) 是独立的中介机构;

(二) 有固定的经营场所和从事经营活动的必要设施;

(三) 有3名以上从事二手车鉴定评估业务的专业人员(包括本办法实施之前取得国家职业资格证书的旧机动车鉴定估价师);

(四) 有规范的规章制度。

第十条 设立二手车鉴定评估机构,应当按下列程序办理:

(一) 申请人向拟设立二手车鉴定评估机构所在地省级商务主管部门提出书面申请,并提交符合本办法第九条规定的相关材料;

(二) 省级商务主管部门自收到全部申请材料之日起20个工作日内作出是否予以核准的决定,对予以核准的,颁发《二手车鉴定评估机构核准证书》;不予核准的,应当说明理由;

(三) 申请人持《二手车鉴定评估机构核准证书》到工商行政管理部门办理登记手续。

第十一条 外商投资设立二手车交易市场、经销企业、经纪机构、鉴定评估机构的申请人,应当分别持符合第八条、第九条规定和《外商投资商业领域管理办法》、有关外商投资法律规定的相关材料报省级商务主管部门。省级商务主管部门进行初审后,自收到全部申请材料之日起1个月内上报国务院商务主管部门。合资中方有国家计划单列企业集团的,可直接将申请材料报送国务院商务主管部门。国务院商务主管部门自收到全部申请材料3个月内会同国务院工商行政管理部门,作出是否予以批准的决定,对予以批准的,颁发或者换发《外商投资企业批准证书》;不予批准的,应当说明理由。

申请人持《外商投资企业批准证书》到工商行政管理部门办理登记手续。

第十二条　设立二手车拍卖企业（含外商投资二手车拍卖企业）应当符合《中华人民共和国拍卖法》和《拍卖管理办法》有关规定，并按《拍卖管理办法》规定的程序办理。

第十三条　外资并购二手车交易市场和经营主体及已设立的外商投资企业增加二手车经营范围的，应当按第十一条、第十二条规定的程序办理。

第三章　行为规范

第十四条　二手车交易市场经营者和二手车经营主体应当依法经营和纳税，遵守商业道德，接受依法实施的监督检查。

第十五条　二手车卖方应当拥有车辆的所有权或者处置权。二手车交易市场经营者和二手车经营主体应当确认卖方的身份证明，车辆的号牌、《机动车登记证书》、《机动车行驶证》，有效的机动车安全技术检验合格标志、车辆保险单、交纳税费凭证等。

国家机关、国有企事业单位在出售、委托拍卖车辆时，应持有本单位或者上级单位出具的资产处理证明。

第十六条　出售、拍卖无所有权或者处置权车辆的，应承担相应的法律责任。

第十七条　二手车卖方应当向买方提供车辆的使用、修理、事故、检验以及是否办理抵押登记、交纳税费、报废期等真实情况和信息。买方购买的车辆如因卖方隐瞒和欺诈不能办理转移登记，卖方应当无条件接受退车，并退还购车款等费用。

第十八条　二手车经销企业销售二手车时应当向买方提供质量保证及售后服务承诺，并在经营场所予以明示。

第十九条　进行二手车交易应当签订合同。合同示范文本由国务院工商行政管理部门制定。

第二十条　二手车所有人委托他人办理车辆出售的，应当与受托人签订委托书。

第二十一条 委托二手车经纪机构购买二手车时，双方应当按以下要求进行：

（一）委托人向二手车经纪机构提供合法身份证明；

（二）二手车经纪机构依据委托人要求选择车辆，并及时向其通报市场信息；

（三）二手车经纪机构接受委托购买时，双方签订合同；

（四）二手车经纪机构根据委托人要求代为办理车辆鉴定评估，鉴定评估所发生的费用由委托人承担。

第二十二条 二手车交易完成后，卖方应当及时向买方交付车辆、号牌及车辆法定证明、凭证。车辆法定证明、凭证主要包括：

（一）《机动车登记证书》；

（二）《机动车行驶证》；

（三）有效的机动车安全技术检验合格标志；

（四）车辆购置税完税证明；

（五）养路费缴付凭证；

（六）车船使用税缴付凭证；

（七）车辆保险单。

第二十三条 下列车辆禁止经销、买卖、拍卖和经纪：

（一）已报废或者达到国家强制报废标准的车辆；

（二）在抵押期间或者未经海关批准交易的海关监管车辆；

（三）在人民法院、人民检察院、行政执法部门依法查封、扣押期间的车辆；

（四）通过盗窃、抢劫、诈骗等违法犯罪手段获得的车辆；

（五）发动机号码、车辆识别代号或者车架号码与登记号码不相符，或者有凿改迹象的车辆；

（六）走私、非法拼（组）装的车辆；

（七）不具有第二十二条所列证明、凭证的车辆；

（八）在本行政辖区以外的公安机关交通管理部门注册登记的车辆；

（九）国家法律、行政法规禁止经营的车辆。

二手车交易市场经营者和二手车经营主体发现车辆具有（四）、（五）、（六）情形之一的，应当及时报告公安机关、工商行政管理部门等执法机关。

对交易违法车辆的，二手车交易市场经营者和二手车经营主体应当承担连带赔偿责任和其他相应的法律责任。

第二十四条　二手车经销企业销售、拍卖企业拍卖二手车时，应当按规定向买方开具税务机关监制的统一发票。

进行二手车直接交易和通过二手车经纪机构进行二手车交易的，应当由二手车交易市场经营者按规定向买方开具税务机关监制的统一发票。

第二十五条　二手车交易完成后，现车辆所有人应当凭税务机关监制的统一发票，按法律、法规有关规定办理转移登记手续。

第二十六条　二手车交易市场经营者应当为二手车经营主体提供固定场所和设施，并为客户提供办理二手车鉴定评估、转移登记、保险、纳税等手续的条件。二手车经销企业、经纪机构应当根据客户要求，代办二手车鉴定评估、转移登记、保险、纳税等手续。

第二十七条　二手车鉴定评估应当本着买卖双方自愿的原则，不得强制进行；属国有资产的二手车应当按国家有关规定进行鉴定评估。

第二十八条　二手车鉴定评估机构应当遵循客观、真实、公正和公开原则，依据国家法律法规开展二手车鉴定评估业务，出具车辆鉴定评估报告；并对鉴定评估报告中车辆技术状况，包括是否属事故车辆等评估内容负法律责任。

第二十九条　二手车鉴定评估机构和人员可以按国家有关规定

从事涉案、事故车辆鉴定等评估业务。

第三十条　二手车交易市场经营者和二手车经营主体应当建立完整的二手车交易购销、买卖、拍卖、经纪以及鉴定评估档案。

第三十一条　设立二手车交易市场、二手车经销企业开设店铺，应当符合所在地城市发展及城市商业发展有关规定。

第四章　监督与管理

第三十二条　二手车流通监督管理遵循破除垄断，鼓励竞争，促进发展和公平、公正、公开的原则。

第三十三条　建立二手车交易市场经营者和二手车经营主体备案制度。凡经工商行政管理部门依法登记，取得营业执照的二手车交易市场经营者和二手车经营主体，应当自取得营业执照之日起2个月内向省级商务主管部门备案。省级商务主管部门应当将二手车交易市场经营者和二手车经营主体有关备案情况定期报送国务院商务主管部门。

第三十四条　建立和完善二手车流通信息报送、公布制度。二手车交易市场经营者和二手车经营主体应当定期将二手车交易量、交易额等信息通过所在地商务主管部门报送省级商务主管部门。省级商务主管部门将上述信息汇总后报送国务院商务主管部门。国务院商务主管部门定期向社会公布全国二手车流通信息。

第三十五条　商务主管部门、工商行政管理部门应当在各自的职责范围内采取有效措施，加强对二手车交易市场经营者和经营主体的监督管理，依法查处违法违规行为，维护市场秩序，保护消费者的合法权益。

第三十六条　国务院工商行政管理部门会同商务主管部门建立二手车交易市场经营者和二手车经营主体信用档案，定期公布违规企业名单。

第五章　附　则

第三十七条　本办法自 2005 年 10 月 1 日起施行，原《商务部办公厅关于规范旧机动车鉴定评估管理工作的通知》（商建字〔2004〕第 70 号）、《关于加强旧机动车市场管理工作的通知》（国经贸贸易〔2001〕1281 号）、《旧机动车交易管理办法》（内贸机字〔1998〕第 33 号）及据此发布的各类文件同时废止。

附 录

二手车交易规范

中华人民共和国商务部公告
第22号

为规范二手车交易行为,指导交易各方进行二手车交易及相关活动,根据《二手车流通管理办法》,制定《二手车交易规范》,现予发布,在行业内推广实施。特此公告。

中华人民共和国商务部
二○○六年三月二十四日

第一章 总 则

第一条 为规范二手车交易市场经营者和二手车经营主体的服务、经营行为,以及二手车直接交易双方的交易行为,明确交易规程,增加交易透明度,维护二手车交易双方的合法权益,依据《二手车流通管理办法》,制定本规范。

第二条 在中华人民共和国境内从事二手车交易及相关的活动适用于本规范。

第三条 二手车交易应遵循诚实、守信、公平、公开的原则,严禁欺行霸市、强买强卖、弄虚作假、恶意串通、敲诈勒索等违法行为。

第四条 二手车交易市场经营者和二手车经营主体应在各自的经营范围内从事经营活动，不得超范围经营。

第五条 二手车交易市场经营者和二手车经营主体应按下列项目确认卖方的身份及车辆的合法性：

（一）卖方身份证明或者机构代码证书原件合法有效；

（二）车辆号牌、机动车登记证书、机动车行驶证、机动车安全技术检验合格标志真实、合法、有效；

（三）交易车辆不属于《二手车流通管理办法》第二十三条规定禁止交易的车辆。

第六条 二手车交易市场经营者和二手车经营主体应核实卖方的所有权或处置权证明。车辆所有权或处置权证明应符合下列条件：

（一）机动车登记证书、行驶证与卖方身份证明名称一致；国家机关、国有企事业单位出售的车辆，应附有资产处理证明；

（二）委托出售的车辆，卖方应提供车主授权委托书和身份证明；

（三）二手车经销企业销售的车辆，应具有车辆收购合同等能够证明经销企业拥有该车所有权或处置权的相关材料，以及原车主身份证明复印件。原车主名称应与机动车登记证、行驶证名称一致。

第七条 二手车交易应当签订合同，明确相应的责任和义务。交易合同包括：收购合同、销售合同、买卖合同、委托购买合同、委托出售合同、委托拍卖合同等。

第八条 交易完成后，买卖双方应当按照国家有关规定，持下列法定证明、凭证向公安机关交通管理部门申办车辆转移登记手续：

（一）买方及其代理人的身份证明；

（二）机动车登记证书；

（三）机动车行驶证；

（四）二手车交易市场、经销企业、拍卖公司按规定开具的二手车销售统一发票；

（五）属于解除海关监管的车辆，应提供《中华人民共和国海关监管车辆解除监管证明书》；

车辆转移登记手续应在国家有关政策法规所规定的时间内办理完毕，并在交易合同中予以明确。

完成车辆转移登记后，买方应按国家有关规定，持新的机动车登记证书和机动车行驶证到有关部门办理车辆购置税、养路费变更手续。

第九条 二手车应在车辆注册登记所在地交易。二手车转移登记手续应按照公安部门有关规定在原车辆注册登记所在地公安机关交通管理部门办理。需要进行异地转移登记的，由车辆原属地公安机关交通管理部门办理车辆转出手续，在接收地公安机关交通管理部门办理车辆转入手续。

第十条 二手车交易市场经营者和二手车经营主体应根据客户要求提供相关服务，在收取服务费、佣金时应开具发票。

第十一条 二手车交易市场经营者、经销企业、拍卖公司应建立交易档案，交易档案主要包括以下内容：

（一）本规范第五条第二款规定的法定证明、凭证复印件；

（二）购车原始发票或者最近一次交易发票复印件；

（三）买卖双方身份证明或者机构代码证书复印件；

（四）委托人及授权代理人身份证或者机构代码证书以及授权委托书复印件；

（五）交易合同原件；

（六）二手车经销企业的《车辆信息表》，二手车拍卖公司的《拍卖车辆信息》和《二手车拍卖成交确认书》；

（七）其它需要存档的有关资料。

交易档案保留期限不少于3年。

第十二条 二手车交易市场经营者、二手车经营主体发现非法车辆、伪造证照和车牌等违法行为，以及擅自更改发动机号、车辆识别代号（车架号码）和调整里程表等情况，应及时向有关执法部门举报，并有责任配合调查。

第二章 收购和销售

第十三条 二手车经销企业在收购车辆时，应按下列要求进行：

（一）按本规范第五条和第六条所列项目核实卖方身份以及交易车辆的所有权或处置权，并查验车辆的合法性；

（二）与卖方商定收购价格，如对车辆技术状况及价格存有异议，经双方商定可委托二手车鉴定评估机构对车辆技术状况及价值进行鉴定评估。达成车辆收购意向的，签订收购合同，收购合同中应明确收购方享有车辆的处置权；

（三）按收购合同向卖方支付车款。

第十四条 二手车经销企业将二手车销售给买方之前，应对车辆进行检测和整备。

二手车经销企业应对进入销售展示区的车辆按《车辆信息表》的要求填写有关信息，在显要位置予以明示，并可根据需要增加《车辆信息表》的有关内容。

第十五条 达成车辆销售意向的，二手车经销企业应与买方签订销售合同，并将《车辆信息表》作为合同附件。按合同约定收取车款时，应向买方开具税务机关监制的统一发票，并如实填写成交价格。

买方持本规范第八条规定的法定证明、凭证到公安机关交通管理部门办理转移登记手续。

第十六条 二手车经销企业向最终用户销售使用年限在3年以内或行驶里程在6万公里以内的车辆（以先到者为准，营运车除外），应向用户提供不少于 3 个月或 5000 公里（以先到者为准）的质量保证。质量保证范围为发动机系统、转向系统、传动系统、制动系统、悬挂系统等。

第十七条 二手车经销企业向最终用户提供售后服务时，应向其提供售后服务清单。

第十八条 二手车经销企业在提供售后服务的过程中，不得擅自增加未经客户同意的服务项目。

第十九条 二手车经销企业应建立售后服务技术档案。售后服务技术档案包括以下内容：

（一）车辆基本资料。主要包括车辆品牌型号、车牌号码、发动机号、车架号、出厂日期、使用性质、最近一次转移登记日期、销售时间、地点等；

（二）客户基本资料。主要包括客户名称（姓名）、地址、职业、联系方式等；

（三）维修保养记录。主要包括维修保养的时间、里程、项目等。

售后服务技术档案保存时间不少于 3 年。

第三章 经 纪

第二十条 购买或出售二手车可以委托二手车经纪机构办理。委托二手车经纪机构购买二手车时，应按《二手车流通管理办法》第二十一条规定进行。

第二十一条 二手车经纪机构应严格按照委托购买合同向买方交付车辆、随车文件及本规范第五条第二款规定的法定证明、凭证。

第二十二条 经纪机构接受委托出售二手车，应按以下要求进行：

（一）及时向委托人通报市场信息；

（二）与委托人签订委托出售合同；

（三）按合同约定展示委托车辆，并妥善保管，不得挪作它用；

（四）不得擅自降价或加价出售委托车辆。

第二十三条 签订委托出售合同后，委托出售方应当按照合同约定向二手车经纪机构交付车辆、随车文件及本规范第五条第二款规定的法定证明、凭证。

车款、佣金给付按委托出售合同约定办理。

第二十四条 通过二手车经纪机构买卖的二手车，应由二手车交易市场经营者开具国家税务机关监制的统一发票。

第二十五条 进驻二手车交易市场的二手车经纪机构应与交易市场管理者签订相应的管理协议，服从二手车交易市场经营者的统一管理。

第二十六条 二手车经纪人不得以个人名义从事二手车经纪活动。

二手车经纪机构不得以任何方式从事二手车的收购、销售活动。

第二十七条 二手车经纪机构不得采取非法手段促成交易，以及向委托人索取合同约定佣金以外的费用。

第四章 拍 卖

第二十八条 从事二手车拍卖及相关中介服务活动，应按照《拍卖法》及《拍卖管理办法》的有关规定进行。

第二十九条 委托拍卖时，委托人应提供身份证明、车辆所有权或处置权证明及其它相关材料。拍卖人接受委托的，应与委托人签订委托拍卖合同。

第三十条 委托人应提供车辆真实的技术状况，拍卖人应如实填写《拍卖车辆信息》。

如对车辆的技术状况存有异议，拍卖委托双方经商定可委托二手车鉴定评估机构对车辆进行鉴定评估。

第三十一条　拍卖人应于拍卖日 7 日前发布公告。拍卖公告应通过报纸或者其他新闻媒体发布，并载明下列事项：

（一）拍卖的时间、地点；

（二）拍卖的车型及数量；

（三）车辆的展示时间、地点；

（四）参加拍卖会办理竞买的手续；

（五）需要公告的其他事项。

拍卖人应在拍卖前展示拍卖车辆，并在车辆显著位置张贴《拍卖车辆信息》。车辆的展示时间不得少于 2 天。

第三十二条　进行网上拍卖，应在网上公布车辆的彩色照片和《拍卖车辆信息》，公布时间不得少于 7 天。

网上拍卖是指二手车拍卖公司利用互联网发布拍卖信息，公布拍卖车辆技术参数和直观图片，通过网上竞价，网下交接，将二手车转让给超过保留价的最高应价者的经营活动。

网上拍卖过程及手续应与现场拍卖相同。网上拍卖组织者应根据《拍卖法》及《拍卖管理办法》有关条款制定网上拍卖规则，竞买人则需要办理网上拍卖竞买手续。

任何个人及未取得二手车拍卖人资质的企业不得开展二手车网上拍卖活动。

第三十三条　拍卖成交后，买受人和拍卖人应签署《二手车拍卖成交确认书》。

第三十四条　委托人、买受人可与拍卖人约定佣金比例。

委托人、买受人与拍卖人对拍卖佣金比例未作约定的，依据《拍卖法》及《拍卖管理办法》有关规定收取佣金。

拍卖未成交的，拍卖人可按委托拍卖合同的约定向委托人收取服务费用。

第三十五条　拍卖人应在拍卖成交且买受人支付车辆全款后，将车辆、随车文件及本规范第五条第二款规定的法定证明、凭证交付给买受人，并向买受人开具二手车销售统一发票，如实填写拍卖成交价格。

第五章　直接交易

第三十六条　二手车直接交易方为自然人的，应具有完全民事行为能力。无民事行为能力的，应由其法定代理人代为办理，法定代理人应提供相关证明。

二手车直接交易委托代理人办理的，应签订具有法律效力的授权委托书。

第三十七条　二手车直接交易双方或其代理人均应向二手车交易市场经营者提供其合法身份证明，并将车辆及本规范第五条第二款规定的法定证明、凭证送交二手车交易市场经营者进行合法性验证。

第三十八条　二手车直接交易双方应签订买卖合同，如实填写有关内容，并承担相应的法律责任。

第三十九条　二手车直接交易的买方按照合同支付车款后，卖方应按合同约定及时将车辆及本规范第五条第二款规定的法定证明、凭证交付买方。

车辆法定证明、凭证齐全合法，并完成交易的，二手车交易市场经营者应当按照国家有关规定开具二手车销售统一发票，并如实填写成交价格。

第六章　交易市场的服务与管理

第四十条　二手车交易市场经营者应具有必要的配套服务设施和场地，设立车辆展示交易区、交易手续办理区及客户休息区，做到标识明显，环境整洁卫生。交易手续办理区应设立接待窗口，明示各窗口业务受理范围。

第四十一条　二手车交易市场经营者在交易市场内应设立醒目

的公告牌，明示交易服务程序、收费项目及标准、客户查询和监督电话号码等内容。

第四十二条 二手车交易市场经营者应制定市场管理规则，对场内的交易活动负有监督、规范和管理责任，保证良好的市场环境和交易秩序。由于管理不当给消费者造成损失的，应承担相应的责任。

第四十三条 二手车交易市场经营者应及时受理并妥善处理客户投诉，协助客户挽回经济损失，保护消费者权益。

第四十四条 二手车交易市场经营者在履行其服务、管理职能的同时，可依法收取交易服务和物业等费用。

第四十五条 二手车交易市场经营者应建立严格的内部管理制度，牢固树立为客户服务、为驻场企业服务的意识，加强对所属人员的管理，提高人员素质。二手车交易市场服务、管理人员须经培训合格后上岗。

第七章 附 则

第四十六条 本规范自发布之日起实施。

汽车以旧换新实施办法

关于印发《汽车以旧换新实施办法》的通知

财建〔2009〕333号

各省、自治区、直辖市、计划单列市、新疆生产建设兵团财政、商务、宣传、发展改革、工业和信息化、公安、环境保护、交通运输、工商、质监主管部门：

为贯彻《国务院办公厅关于转发发展改革委等部门促进扩大内需鼓励汽车家电以旧换新实施方案的通知》（国办发〔2009〕44号）精神，更好的实施汽车以旧换新补贴政策，特制定《汽车以旧换新实施办法》。现印发给你们，请遵照执行。

财政部　商务部　中宣部　国家发展改革委
工业和信息化部　公安部　环保部
交通运输部　工商总局　质检总局
二〇〇九年七月十三日

第一章　总　则

第一条　为贯彻《国务院办公厅关于转发发展改革委等部门促进扩大内需鼓励汽车家电以旧换新实施方案的通知》（国办发〔2009〕44号）精神，更好的实施汽车以旧换新补贴政策，特制定本办法。

第二条　本办法所称汽车以旧换新是指按本办法要求提前报废老旧汽车、"黄标车"并换购新车。

"黄标车"是指污染物排放达不到国Ⅰ标准的汽油车和达不到

国Ⅲ标准的柴油车。

老旧汽车、"黄标车"和新车均不包括三轮汽车、低速货车。

第三条 本办法所称汽车以旧换新补贴资金（以下简称补贴资金）是指中央财政从一般预算安排的，专项用于汽车以旧换新的补贴资金。

第四条 商务部会同财政部、中宣部、发展改革委、工业和信息化部、公安部、环境保护部、交通运输部、工商总局、质检总局等有关部门按照部门职责分工和本办法的规定，组织实施汽车以旧换新工作，并指导地方相关部门开展有关工作。

商务部负责会同有关部门组织实施汽车以旧换新工作，指导各地商务主管部门开展报废汽车回收、新车销售的管理工作。

财政部负责补贴资金的筹集、分配、落实和监管。

公安部负责指导、监督各地公安交通管理部门办理新车注册登记，办理报废机动车注销登记并出具《机动车注销证明》。

环境保护部负责"黄标车"的认定和查验，并对报废机动车拆解处理实施环境监管。

中宣部、发展改革委、工业和信息化部、交通运输部、工商总局、质检总局等部门在各自职责范围内加强监督管理。

第五条 各省、自治区、直辖市、计划单列市、新疆生产建设兵团商务主管部门（以下简称省级商务主管部门）会同财政、公安、环保等部门负责汽车以旧换新的具体实施工作。

第二章 补贴范围和标准

第六条 补贴范围：在2009年6月1日—2010年5月31日期间，将符合下列条件的汽车交售给依法设立的指定报废汽车回收拆解企业，并换购新车的（报废汽车的车主名称与换购新车车主名称应一致）：

（一）使用不到8年的老旧微型载货车，老旧中型出租载客车；

（二）使用不到12年的老旧中、轻型载货车；

（三）使用不到12年的老旧中型载客车（不含出租车）；

（四）与《汽车报废标准规定使用年限表》中规定的使用年限相比，提前报废的各类"黄标车"。

"黄标车"可登录"机动车环保网"查询，网站地址：www.vecc-mep.org.cn。

使用年计算的起始和终止日期分别为车辆初次登记日期和注销日期。

第七条 同时符合下列条件的，车主只能选择申请一种补贴：

（一）既符合第六条第四项、又符合第六条第一至第三项规定条件之一的；

（二）既符合第六条第三项或第四项，又符合2009年老旧汽车报废更新补贴资金的车辆补贴范围及补贴标准公告（财政部 商务部公告2009年第20号）规定条件的。

第八条 提前报废"黄标车"并换购新车，新车已享受1.6升及以下乘用车减半征收车辆购置税政策的，不再享受补贴。

第九条 符合第六条规定提前报废老旧汽车、"黄标车"并换购新车的，按以下标准给予补贴：

（一）报废老旧汽车的补贴标准：

1. 报废中型载货车，每辆补贴人民币6000元；

2. 报废轻型载货车，每辆补贴人民币5000元；

3. 报废微型载货车，每辆补贴人民币4000元；

4. 报废中型载客车，每辆补贴人民币5000元。

（二）报废"黄标车"的补贴标准：

1. 报废中型载货车，每辆补贴人民币6000元；

2. 报废轻型载货车，每辆补贴人民币5000元；

3. 报废微型载货车，每辆补贴人民币4000元；

4. 报废中型载客车，每辆补贴人民币5000元；

5. 报废小型载客车（不含轿车），每辆补贴人民币4000元；

6. 报废微型载客车（不含轿车），每辆补贴人民币3000元；

7. 报废轿车、重型载货车、大型载客车、专项作业车，每辆补贴人民币6000元。

省级财政部门会同商务主管部门可以根据本地区"黄标车"车型、年限、城市管理等实际情况，因地制宜，合理调整"黄标车"补贴标准，报经省级人民政府批准后，及时向社会公布，并向财政部、商务部备案。

第三章 车辆报废更新及补贴资金申请、审核和发放

第十条 承担汽车以旧换新车辆回收工作的企业应为依法设立、具备汽车以旧换新信息管理系统（以下简称信息管理系统）录入条件、能够出具由省（自治区、直辖市）商务主管部门印发的《报废汽车回收证明》的报废汽车回收拆解企业。

第十一条 拟申请汽车以旧换新补贴资金的车主应当将符合第六条规定的老旧汽车、"黄标车"交售给车籍所在地符合第十条规定的报废汽车回收拆解企业，报废汽车回收拆解企业应当在信息管理系统中录入车辆报废回收有关信息，按有关规定及时对车辆解体，向车主出具《报废汽车回收证明》，并自收到车辆之日起10个工作日内将机动车登记证书、号牌、行驶证和《报废汽车回收证明》副联等交公安机关办理注销登记，向车主交付《机动车注销证明》。

第十二条 报废汽车回收拆解企业出具的《报废汽车回收证明》应在备注栏中注明车辆初次登记日期、总质量、车长、乘坐人数等信息，并将副联报送所在地商务主管部门备案。

第十三条 车主在购买新车时，应取得新车购车发票等证明、凭据。

第十四条 各市（州）商务主管部门要会同财政、环保部门设立汽车以旧换新联合服务窗口，办理补贴资金申请。有条件的县也要设立汽车以旧换新联合服务窗口。联合服务窗口设置地点应尽量方便车主办理补贴资金申领手续。

商务主管部门是联合服务窗口的牵头单位，主要负责审核《报废汽车回收证明》的有效性，以及车主提交的《汽车以旧换新补贴资金申请表》等有关材料，核对信息管理系统中报废车辆回收有关信息，录入申请、补贴信息，综合协调、汇总数据等工作。

财政部门负责审核车辆是否属于申领补贴范围及补贴标准，并对符合要求车主拨付补贴资金。

环保部门负责查验报废车辆是否属于"黄标车"。

第十五条 符合本办法第六条规定的老旧汽车、"黄标车"车主应在2009年8月10日至2010年6月30日期间，到报废车辆车籍所在地市（州）、县汽车以旧换新联合服务窗口申请补贴资金，并提供以下材料：

（一）《汽车以旧换新补贴资金申请表》（可在联合服务窗口领取，也可从商务部网站下载）；

（二）《报废汽车回收证明》原件；

（三）《机动车注销证明》原件及复印件；

（四）新车购车发票原件及复印件；

（五）机动车登记证书原件及复印件；

（六）车辆购置税完税凭证原件及复印件；

（七）有效身份证明原件及复印件；

（八）与车主同名的个人银行账户存折或单位基本账户开户证复印件。

对符合条件的报废老旧汽车、"黄标车"并购买新车的，财政部门应于受理后15个工作日内将补贴资金发放给车主；对不符合条件的，商务主管部门应退回申请并说明理由。

车主逾期提出补贴资金申请的，有关部门不予受理。

第十六条　信息管理系统启用前，各地可采取纸质表格审核等形式，开展补贴资金的审核发放工作。

第四章　补贴资金管理

第十七条　中央财政按照本办法第九条确定的补贴标准，对地方实行补贴资金包干。地方调整"黄标车"补贴标准差额所需资金，由地方财政安排。

第十八条　财政部参考各地"黄标车"保有量等因素向各省级财政主管部门预拨补贴资金。

第十九条　各省级财政、商务主管部门应当于2010年7月31日前将补贴资金发放情况上报商务部、财政部。财政部根据补贴资金实际发放情况与各地进行清算。

第二十条　补贴资金结余的使用由财政部会同商务部另行规定。

第五章　保障措施

第二十一条　省级商务主管部门要统筹规划，引导企业合理布局、完善报废汽车回收网络，支持有条件的企业向县延伸回收网点，鼓励企业开展上门服务，方便车主交车和办理相关手续，并及时向社会公布行政区域内承担汽车以旧换新车辆回收工作的报废汽车回收拆解企业及其回收网点名单。

地方商务主管部门要引导报废汽车回收拆解企业加大投入，按照《报废汽车回收拆解企业技术规范》（GB22128-2008）进行标准化改造，提高拆解水平。

第二十二条　各地商务主管部门要积极与财政等部门沟通和协调。各地财政部门应当安排工作经费，用于汽车以旧换新联合服务窗口设立、政策宣传、业务培训、相关单据印制以及必要的设备购置等。

第二十三条　鼓励各地根据实际情况，制定相关配套政策和措施，引导老旧汽车、"黄标车"提前报废。各地出台的相关政策应与汽车以旧换新政策一并执行。

第六章　监督管理

第二十四条　商务部会同财政部、发展改革委、工业和信息化部、公安部、环境保护部、工商总局、质检总局等部门指导地方相关部门对汽车以旧换新实施监督管理。

第二十五条　地方各级政府相关部门应在各自职责范围内加强对汽车以旧换新政策实施、汽车报废和换购新车、资金发放、信息统计上报等情况进行跟踪检查和监督管理，确保资金安全、及时发放，用好补贴政策。

第二十六条　省级商务主管部门要负责组织做好汽车以旧换新补贴申请办理资料存档和信息统计工作，并将每月办理情况按《汽车以旧换新补贴资金发放统计表》的要求于次月3日前报送商务部并抄送财政部、环境保护部。商务部适时将有关信息在网站上公布。

第二十七条　地方各级人民政府不得对换购新车的产地、品牌、型号等加以限制。

第二十八条　对买卖、伪造、变造《报废汽车回收证明》，拼装车以及将回收的报废车辆上路行驶或流向社会的，有关部门依据《报废汽车回收管理办法》（国务院令第307号）进行处理。

第二十九条　对挪用、骗取补贴资金的单位和个人，有关部门依据《财政违法行为处罚处分条例》（国务院令第427号）及其他有关法规进行处理。

第三十条　报废汽车回收拆解企业有违反本办法规定，不履行有关义务的，商务主管部门可依据其情节轻重，采取公告违规企业行为，从承担汽车以旧换新车辆回收工作企业名单剔除，以及收回或暂停发给《报废汽车回收证明》等措施进行处理。

第七章 附　则

第三十一条　本办法自发布之日起执行。各省级财政、商务主管部门可根据本办法并结合本地区实际情况制定汽车以旧换新具体实施细则，并报财政部、商务部备案。

第三十二条　财政部商务部公告2009年第20号规定的老旧汽车报废更新补贴资金的申请和发放，按本办法有关规定执行。有关车主应按规定提交相关材料，并填写《"老旧汽车报废更新"补贴资金申请表》，各地应按《"老旧汽车报废更新"补贴资金发放统计表》报送信息。

第三十三条　本办法由财政部、商务部会同有关部门负责解释。

附件1：汽车报废标准规定使用年限表（略）
附件2：汽车以旧换新补贴资金申请表（略）
附件3："老旧汽车报废更新"补贴资金申请表（略）
附件4：汽车以旧换新补贴资金发放统计表（略）
附件5："老旧汽车报废更新"补贴资金申请表（略）

关于进一步规范二手车市场秩序促进二手车市场健康发展的意见

工商市字〔2009〕212号

各省、自治区、直辖市及计划单列市工商、商务、财政、公安、工业和信息化、税务、发展改革主管部门：

近年来，随着我国新车消费的快速增长，各地二手车市场得到较快发展，对推动整个汽车产业协调健康发展，满足人民群众生产、生活消费需求发挥了重要作用。但是，一些地方的二手车市场经营场地和经营行为不规范，不正当竞争、欺诈消费者等现象还时有发生，严重损害了消费者的合法权益，扰乱了二手车市场经营秩序。为贯彻落实好《汽车产业调整和振兴规划》精神，积极培育汽车消费市场，拉动汽车消费，促进汽车产业结构调整，国家工商总局会同商务部、财政部、公安部、工业和信息化部、国家税务总局、国家发展改革委就进一步规范二手车市场秩序，促进二手车市场健康发展提出如下意见：

一、总体要求和工作目标

二手车流通是汽车产业发展的重要环节，二手车市场有序发展对维护汽车产业持续、健康、稳定发展，保护消费者合法权益，促进社会和谐稳定和经济平稳较快发展，具有重要意义。进一步整顿和规范二手车市场秩序，是积极应对国际金融危机，扩大内需、拉动消费，加快汽车产业调整和振兴的有力措施。

各地各有关部门要按照科学发展观的要求，围绕构建社会主义和谐社会的总体目标，增强大局意识和责任意识，加强领导，统一部署；依法行政，协调配合；突出重点，标本兼治。通过进一步整顿和规范二手车市场秩序，大力促进二手车市场健康有序发展，提升消费信心，拉动消费增长，提高监管水平。

二、主要任务和要求

（一）规范经营主体，严把市场准入关。一是加强二手车交易市场开办主体监管，严格市场准入条件；二是指导、督促市场开办主体制定和落实市场各项管理措施和规章制度，明确市场开办主体市场管理职责；三是优化市场环境，在二手车经营企业（指从事二手车经销、拍卖、经纪、鉴定评估的企业，下同）登记、税收、车辆转移登记等方面提供高效便捷服务；四是依法查处、取缔无照经营二手车违法行为。

（二）加强监督检查，规范经营行为。加强对二手车交易市场、二手车经营企业经营行为的监督管理，规范使用《二手车销售统一发票》、《二手车买卖合同示范文本》，如实提供车辆在使用、维修、事故、保险，以及行驶公里数、报废期限等方面的真实情况和信息。

二手车经营企业要建立和完善车辆的索证索票制度，亮照、亮证经营，依法纳税，明码标价。二手车买卖流程要规范化、制度化。

（三）查处违法违章行为，净化市场环境。依法打击违法经营行为和违法犯罪活动，确保车辆来源合法、质量合格。重点查处非法销售应报废车辆、虚假宣传、不正当竞争、偷逃税收，以及欺行霸市、强买强卖、恶意串通、敲诈勒索等违法行为。严防走私、非法拼装、盗抢的车辆上市销售。各地可根据当地实际和突出问题，有针对性地开展专项整治。

（四）构建诚信体系，立足长效监管。将二手车交易市场和二手车经营企业纳入政府部门的诚信建设体系，充分发挥行业协会作用，加强行业自律，倡导公平竞争，树立诚信为荣、失信为耻的行业风尚。建立和完善各项监管制度和机制，创造条件，方便二手车在全国范围内流通。强化责任追究，加强部门之间的信息沟通和协作。努力提高长效监管效能。加强消费教育和引导，畅通消费者权益保护渠道，构筑消费维权体系。

三、职责分工

（一）商务主管部门加强二手车流通行业管理，会同工商、财政、公安、工业和信息化、税务、发展改革等有关部门做好行业发展统筹规划，引导企业合理布局，清理和取消限制二手车经营的不合理规定。大力推进行业信用体系建设。规范二手车交易市场设立的准入条件和二手车鉴定评估的技术标准。按照《二手车流通管理办法》的有关规定，严格二手车交易市场设立条件，市场开办主体应当具备企业法人条件，经营场地应当符合所在地城市发展及城市商业发展的有关规定，具有固定场所和设施，并能够为二手车交易提供相应服务。

（二）公安部门严格把好二手车转移登记关，维护市场治安秩序，依法查处扰乱公共秩序、危害公共安全，侵害公民人身、财产安全等违法犯罪行为。

（三）税务部门加强二手车交易税款征收和发票的监督管理。监督企业依法纳税，查处偷逃税款违法行为。

（四）工商行政管理部门加强对二手车经营行为的监督管理，依法查处无照经营、商业贿赂、虚假广告、不正当有奖销售、欺诈消费等违法违规行为，维护市场秩序。充分发挥12315消费者申诉举报网络作用，依法及时受理和处理消费者申诉举报，切实保护消费者合法权益。

（五）价格部门加强对二手车交易市场收费的监督检查，查处违法、违规收费行为。

四、加强组织领导。务求实效

各地各有关部门要在当地政府的统一领导下，切实加强对二手车市场监管工作的组织领导，严格责任落实，密切协作配合，狠抓督促检查，确保各项工作到位。

（一）加强组织领导，精心组织实施。各地要结合实际，明确阶段目标和任务分工，突出重点，上下联动，强化督查指导，切实提高工作效能。

（二）严格责任制和责任追究制。强化属地监管责任制，加强实地检查、抽查和分类指导。对发现的跨地区、跨部门的问题，要做好协调、协查工作，防止出现管理"真空"和责任落空。

（三）加强部门协作，形成监管合力。二手车市场监管工作政策性强，涉及部门多。各有关部门要加强信息通报，相互配合，适时组织开展联合执法检查，齐抓共管。

（四）加强法制建设，实施长效监管。深入开展调查研究，及时总结交流经验，针对二手车市场发展中存在的问题，不断完善二手车市场监管法律法规，严格依法行政。

（五）加强宣传引导，促进工作成效。发挥多种媒体和载体的作用，积极宣传二手车市场监管工作要求和工作成效，充分利用多种渠道，听取行业协会、经营企业和消费者的意见建议，增强工作的针对性和实效性。

各地各有关部门对整顿和规范二手车市场秩序工作中出现的重要情况和问题，要及时向上级有关部门报告。

工商总局　商务部　财政部　公安部
工业和信息化部　税务总局　国家发展改革委
二〇〇九年十月二十二日

道路机动车辆产品检测工作
监督管理规定

中华人民共和国工业和信息化部

公告

工产业〔2009〕第 26 号

为规范车辆产品检测工作，保证检测工作质量，工业和信息化部制定了《道路机动车辆产品检测工作监督管理规定》，现予以发布，请各有关单位遵照执行。

本规定自 2009 年 3 月 1 日起施行。本规定施行后，与本规定不一致的，以本规定为准。

二〇〇九年二月二日

第一章 总 则

第一条 为规范车辆产品检测工作，保证检测工作质量，确保登录《车辆生产企业及产品公告》（以下简称《公告》）的车辆产品符合国家标准和国家有关规定的要求，制订本规定。

第二条 本规定适用于工业和信息化部指定承担《公告》车辆

产品检测工作的检测机构。

第三条 承担《公告》车辆产品检测工作的检测机构应当遵守本规定。

第四条 检测机构应当依法开展检测工作，行为规范，诚实信用；遵循公平竞争的原则，不得从事不正当竞争。

第五条 工业和信息化部负责对检测机构承担的《公告》车辆产品检测工作进行监督管理。

第二章 检测资格及能力

第六条 承担《公告》车辆产品检测工作的检测机构及具体承担的检测项目，需经工业和信息化部指定。

第七条 检测机构应当具备下列条件：

（一）具有法人资格；

（二）具备并保持与指定车辆检测项目相适应的能力，并获得国家实验室认可和计量认证。

第八条 当《公告》管理增加新的检测项目时，经工业和信息化部核定后，检测机构方可承担该项目的检测工作。

第三章 检测机构的职责

第九条 检测机构应当遵守国家法律、法规和有关规章制度。

第十条 检测机构应当建立确保《公告》车辆产品检测工作质量的管理制度，并严格执行。

第十一条 检测机构应当按照工业和信息化部委托的中介机构（以下简称中介机构）确定的车辆产品检测方案进行检测，不得随意增加或减少检测项目和检测次数。

第十二条 检测机构应当按照国家标准、行业标准及有关规定对企业送检的样品进行检测，如实记录检测结果，据实出具样品检测报告。检测报告的内容及格式应当符合《公告》管理的规定。

第十三条　检测机构应当对照《车辆产品主要技术参数和主要配置备案表》（以下简称《备案表》）认真核对实测项目中样品的状况，如实记录样品的配置和基本参数，并保存样品的有关照片。

检测机构在检测中发现样品与《备案表》不一致的，应当及时与样品送检企业沟通并中止检测工作，并上报中介机构备案。

第十四条　检测过程的原始记录和检测报告应当按照有关规定存档。

第十五条　检测机构应当按要求将检测报告传送到中介机构。当强制性检测项目由多个检测机构检测时，负责填写强制性检测汇总表的检测机构应当填报整车照片及注明样品存放地点。

第十六条　检测机构在检测工作中，发现产品有违反国家标准或有关规定的问题、或对产品设计的合理性和适宜性有疑义时，应当及时将情况报送工业和信息化部。

第十七条　检测机构对所出具的检测报告的真实性和准确性负责，并承担相应的法律责任。

第四章　监督检查

第十八条　检测机构应当于每年一月底前向工业和信息化部报送上年度承担《公告》车辆产品检测工作的总结。总结应如实描述检测机构强制性检测项目的检测能力（设备能力、人员能力等）的变化情况。

第十九条　工业和信息化部原则上每年一次对检测机构的检测能力进行核定。检测机构应当在核定的检测能力范围内开展工作。当国家实施新标准（包括标准变更）时，应当对检测机构实施新标准的检测能力进行核定。

第二十条 工业和信息化部定期对检测机构承担《公告》管理的检测工作质量进行检查。检查工作也可与检测能力核定工作合并进行。检查时可采取现场试验,向检测机构、有关单位和个人了解情况,查看现场,查阅、复制有关资料,记录有关情况,抽查有关检测原始记录等方式。

被检查的检测机构和相关人员应当如实进行现场试验,提供有关资料、实物和情况,不得拒绝或者隐匿情况。

第二十一条 检测机构的检测工作出现重大问题或有重大举报事项时,工业和信息化部可随时进行监督检查。

第二十二条 检测机构出现下列情况之一的,予以通报批评:

(一) 屡次发生涂改检测原始记录,或检测人员未在检测现场填写原始记录,或具备检测能力、但尚未完成仪器设备检定或超过检定周期而出具检测报告等不符合实验室相关管理规定行为的;

(二) 未认真核定样车参数、造成《公告》车辆参数严重失实的;

(三) 可靠性试验严重失实的;

(四) 越权承揽业务或超出工业和信息化部授权范围出具检测报告的;

(五) 在同一批《公告》车辆产品审查中,被责令改正或不通过的产品数达到或超过3个、且占该检测机构本期检测产品总数15%以上的。

第二十三条 检测机构出现下列情况之一的,暂停《公告》产品检测资格六个月:

(一) 无检测原始记录,或原始记录不真实,或检测结果不真实的;

(二) 擅自将检测任务分包或转包给非授权检测机构或企业的;

(三) 不具备检测能力或超出核定的检测能力、出具检测报告的;

(四) 检测未在规定的实验室或场地进行的;

(五) 拒绝接受监督检查或有意隐匿真实情况的;

（六）三年内被通报批评达 3 次及以上的。

检测机构被暂停《公告》产品检测资格六个月期满后，经验收合格方能恢复《公告》产品检测资格，且应当在检测资格恢复后第一次被检查时加倍进行抽样。

第二十四条　检测机构出现下列情况之一的，撤销《公告》产品检测资格：

（一）编造检测数据、伪造检测结果、出具虚假检测报告的；

（二）无样车出具检测报告的；

（三）在规定的样车保留期限内，未保留样车的（如果需要在规定的样车保留期限内，将样车解体或用作其他用途，必须事先得到中介机构的同意）；

（四）三年内被暂停《公告》产品检测资格达 2 次及以上的；

（五）被有关部门撤销检测资质的。

第二十五条　出现下列情况之一的，不予受理检测机构出具的检测报告：

（一）检测报告内容填写及格式不符合《公告》管理规定的；

（二）检测报告三级审批不全或者无相应印章的；

（三）检测机构在《公告》产品检测资格暂停期间内出具的检测报告。

第二十六条　检测机构有关工作人员在开展车辆产品检测工作时，滥用职权、徇私舞弊、玩忽职守的，由所在检测机构视情节轻重，分别给予相应处罚，处罚结果应当及时上报工业和信息化部；构成犯罪的，移送司法机关依法追究刑事责任。

第五章　附　则

第二十七条　本规定由工业和信息化部负责解释。

第二十八条　本规定自 2009 年 3 月 1 日起施行。本规定施行后，与本规定不一致的，以本规定为准。

附 录

关于进一步规范排放检验加强机动车环境监督管理工作的通知

国环规大气〔2016〕2号

各省、自治区、直辖市环境保护厅（局）、公安厅（局）、质量技术监督局（市场监督管理部门），各计划单列市、省会城市环境保护局、公安局、质量技术监督局（市场监督管理部门）：

为贯彻落实2015年8月29日全国人大常委会修订后的《大气污染防治法》（以下简称《大气法》），进一步规范机动车排放检验，推进黄标车和老旧车淘汰，加快提升机动车环境监督管理水平，现将有关要求通知如下：

一、总体要求

认真贯彻落实《大气法》，按照简政放权、放管结合、优化服务、便民惠民的要求，以降低机动车污染排放水平、改善环境质量为核心，严格实施国家机动车排放标准，全面推行机动车环保信息公开；严格规范新生产机动车和在用车排放检验，加快推进机动车排放检验信息联网；严格监管执法，加强对高排放车辆的环保达标监管，促进黄标车和老旧车淘汰，加快推进机动车环境管理的系统化、科学化、法治化、精细化和信息化。

二、有效衔接机动车排放检验和安全技术检验制度

（一）严格执行机动车排放检验制度。环境保护部门依照《大气法》建立并规范机动车排放检验制度，机动车生产企业和机动

所有人应当依法进行机动车排放检验。机动车排放检验机构应当严格落实机动车排放检验标准要求,并将排放检验数据和电子检验报告上传环保部门,出具由环保部门统一编码的排放检验报告。环保部门不再核发机动车环保检验合格标志。机动车安全技术检验机构将排放检验合格报告拍照后,通过机动车安全技术检验监管系统上传公安交管部门,对未经定期排放检验合格的机动车,不予出具安全技术检验合格证明。公安交管部门对无定期排放检验合格报告的机动车,不予核发安全技术检验合格标志。

(二)优化机动车排放和安全技术检验流程。环境保护、认证认可监管部门要加强协作,促进机动车检验机构空间布局优化、合理有序发展。鼓励机动车排放检验机构和安全技术检验机构设在同一地点,整合优化检验流程、共享检验信息,提供一站式便民服务。检验机构要严格按照价格主管部门规定的收费标准收取检验费用,在业务大厅明显位置公示收费依据和标准,并在收费凭证上分别注明安全技术检验和排放检验收费金额。纯电动汽车免于尾气排放检验。

(三)加强排放检验信息联网核查。机动车排放检验周期应与机动车安全技术检验周期一致,免于安全检验上线检测的车辆不进行排放检验。环保部门要加快推进与机动车排放检验机构、公安交管部门信息联网,建立机动车排放检验信息核查机制。

(四)推行机动车排放异地检验。地市范围内机动车所有人可以自主选择检验机构检验,不得以城区、郊区、县市划分检验区域或者指定检验机构。推行机动车异地检验,在全省(区、市)范围内异地检验,无需办理委托手续。试行机动车跨省(区、市)异地检验,在已实现国家、省、市三级机动车排污监管平台联网的省份,允许机动车所有人在车辆所在地进行检验(黄标车除外)。

(五)大力推行便民检验服务。鼓励检验机构通过微信或短信平台、电话、网络等方式,开展预约检验业务,开设专门的预约检验通道、窗口，做到随到随检。机动车排放检验机构要完善服务指示标志、办事流程指南、大厅服务设施，设置引导指示标志，公示业务流程，增加免费导办人员，维护良好检测秩序，杜绝非法中介扰民行为。各地环保部门要通过政府网络平台向社会公布本地机动车排放检验机构名称、地址、咨询电话等相关信息，方便群众就近验车。

三、加强在用机动车环保监督管理

（六）加快淘汰黄标车和老旧车。各地环保部门要提请人民政府结合本地实际，出台鼓励、引导黄标车和老旧车提前报废更新政策措施，加大对国家鼓励淘汰和要求淘汰的黄标车和老旧车污染排放的监督管理力度，确保完成国家确定的年度淘汰工作任务，实现2017年底前基本淘汰黄标车。研究制定便民服务措施，采取提前告知、简化流程、开辟绿色通道等措施，方便车主淘汰黄标车和老旧车。

（七）强化在用机动车环保监督抽测工作。环保部门要在车辆集中停放地、维修地重点加强对货运车、公交车、出租车、长途客运车、旅游车等车辆的监督抽测工作。公安交管部门在不影响正常通行的情况下，要支持配合环保部门采用遥感监测等技术手段对在道路上行驶的机动车进行监督抽测。对监督抽测不合格的车辆，环保部门要通知车主予以改正并复检，及时公开逾期不复检车辆的车牌、车型等信息。公安交管部门要依法查处无安全技术检验合格标志机动车上道路行驶的违法行为。

（八）严格落实机动车强制报废标准规定。严格执行《机动车强制报废标准规定》，对达到国家强制报废规定的，一律按要求报废。各地公安交管部门要严格查处报废车辆上路行驶违法行为。对达到国家强制报废标准逾期不办理注销登记的机动车，公安交管部门应当及时公告机动车登记证书、号牌、行驶证作废。

四、强化机动车排放检验机构监督管理

（九）强化新生产机动车排放检验机构监督管理。环境保护部不再对新生产机动车排放污染申报检测机构进行核准。新生产机动车排放检验机构应当依法通过资质认定（计量认证），使用经依法检定合格的机动车排放检验设备，按照国家标准和规范进行排放检验，与环境保护部机动车排污监控中心联网，并在2016年底前实现新生产机动车排放检验信息和污染控制技术信息实时传送。

（十）推进在用车排放检验机构规范化联网。省级环保部门应按照《大气法》和国家有关规定，对在用车排放检验机构不再进行委托，对机构数量和布局不再控制。在用车排放检验机构申请与环保部门联网时，应向当地地级城市环保部门主动提交通过资质认定（计量认证）、设备依法检定合格的相关材料，地级城市环保部门对符合环境保护部机动车环保信息联网规范等要求的检验机构应予联网，并公开已联网的检验机构名单。

（十一）加强排放检验机构监督管理。环保部门可通过现场检查排放检验过程、审查原始检验记录或报告等资料、审核年度工作报告、组织检验能力比对实验、检测过程及数据联网监控等方式加强检验机构监管，推进检验机构规范化运营。认证认可监管部门应加强检验机构资质认定监督管理，重点加强技术能力有效维持以及管理体系有效性的监管，确保检验数据质量。环境保护和认证认可监管部门对排放检验机构实行"双随机、一公开"（随机抽取检查对象、随机选派执法检查人员、及时公开查处结果）的监管方式，依法严肃查处违法的排放检验机构。

（十二）强化排放检验机构主体责任。排放检验机构应按照《大气法》要求通过资质认定（计量认证），使用经依法检定或校准合格的设备，定期进行设备维护保养，按照相关规范标准进行机动车排放检验，对检验结果承担法律责任，接受社会监督和责任倒查。排放检验机构应对受检车辆的污染控制装置进行查验，重点加强营运车辆及重型柴油车环保配置查验。对伪造检验结果、出具虚假报告的检验机构，环保部门暂停网络联接和检验报告打印功能，并依照《大气法》有关条款予以处罚；违反资质认定相关规定的，认证认可监管部门依据资质认定有关规定对排放检验机构进行处罚，情节严重的撤销其资质认定证书。省市环保部门应将在用车排放检验机构守法情况纳入企业征信系统，并将有关情况向社会公开。

（十三）加强检验数据统计分析。各地环保部门应加强机动车排放检验数据分析，核查检验数据异常情况，分析查找原因。对于排放检验中发现的排放超标数量大、比例偏高的车型，地级城市环保部门应逐级上报。省级环保部门应视具体情况启动调查机制，确认该车型新生产车辆是否超标排放，依法进行处理，并报告环境保护部。

（十四）严格执行政府部门不准经办检验机构等企业的规定。要正确处理政府与市场的关系，全面推进排放检验机构社会化，严格执行党中央、国务院关于严禁党政机关和党政干部经商、办企业等规定。环保部门及其所属企事业单位、社会团体一律不得开办检验机构、参与检验机构经营。对已经开办、参与或者变相参与经营的，要立即停办、彻底脱钩或者退出投资、依法清退转让股份。

五、加快机动车环保监管能力和队伍建设

（十五）加强机动车环境监管能力建设。加快推进机动车环境管理机构标准化，提高机动车污染防治能力和水平。各省、自治区、直辖市以及大气污染防治重点城市环保部门，应按照《全国机动车环境管理能力建设标准》中关于机动车环境管理机构硬件设备标准和综合业务平台建设标准要求，逐步提高机动车污染防治监管水平。加大业务培训力度，提高监管执法人员业务技能。

（十六）加快推进全国机动车环保信息联网。各地环保部门要加快机动车环保信息联网建设工作进度，对在用车排放检验实施在线监控，实现检验数据实时传输、及时分析处理。2016年底前，各排放检验机构应与环保部门实现数据联网，京津冀及周边地区、长三角、珠三角等重点区域要率先实现国家、省、市三级联网。2017年底前,建成国家、省、市三级联网的机动车排污监控平台。

本通知自发布之日起实施,此前与本文件规定不符的以本文件为准。环境保护部《关于印发〈机动车环保检验管理规定〉的通知》(环发〔2013〕38号)同时废止。

环境保护部
公安部
国家认监委
2016年7月21日

关于进一步完善机动车停放服务收费政策的指导意见

发改价格〔2015〕2975号

各省、自治区、直辖市及计划单列市发展改革委、物价局，住房和城乡建设厅、建委，交通运输厅（局、委）：

随着我国经济社会发展和人民生活水平提高，机动车保有量快速增长，停车设施总量不足、资源配置效率不高等问题日益显现，"停车难"和城市交通拥堵矛盾日渐加剧，制约了人居环境改善和城市可持续发展。根据《中共中央国务院关于推进价格机制改革的若干意见》（中发〔2015〕28号），为进一步完善机动车停放服务收费形成机制，充分发挥价格杠杆作用，促进停车设施建设，提高停车资源配置效率，推动停车产业优化升级，特制定本意见。

一、指导思想和基本原则

（一）指导思想。全面贯彻党的十八大和十八届三中、四中、五中全会精神，围绕使市场在资源配置中起决定性作用和更好发挥政府作用，建立完善主要由市场决定价格的机动车停放服务收费形成机制，逐步缩小政府定价管理范围，进一步健全政府定价规则，加强市场价格监管，积极发挥价格杠杆对供需关系的调节作用，促进停车设施建设，提高停车资源利用效率，为完善城市功能、便利群众生活营造良好环境。

（二）基本原则。坚持市场取向，依法放开具备竞争条件的停车设施服务收费，逐步缩小政府定价管理范围，鼓励引导社会资本建设停车设施。坚持改革创新，改进政府定价规则和办法，充分发挥价格杠杆作用，合理调控停车需求。坚持放管结合，强化事中事后监管，规范停车服务和收费行为，维护市场正常秩序。

二、健全主要由市场决定价格的停车服务收费形成机制

（三）社会资本全额投资新建停车设施服务收费标准由经营者依法自主制定。除各级人民政府财政性资金、城市建设投资（交通投资）公司投资以外，对其他经济组织（以下简称社会资本）全额投资新建的停车设施，由经营者依据价格法律法规和相关规定，根据市场供求和竞争状况自主制定收费标准。

（四）创新政府与社会资本合作建设停车设施服务收费管理方式。对政府与社会资本合作（PPP）建设停车设施，要通过招标、竞争性谈判等竞争方式选择社会投资者。具体收费标准由政府出资方与社会投资者遵循市场规律和合理盈利原则，统筹考虑建设运营成本、市场需求、经营期限、用户承受能力、政府财力投入、土地综合开发利用等因素协议确定。要建立政府与社会资本共享收益、共担风险的收费标准调整与财政投入协调机制，依据相关法律法规规定和成本、供求变动等因素，及时调整收费标准。

三、推进政府定价管理制度化科学化

（五）规范政府定价行为。对具有自然垄断经营和公益性特征的停车设施服务收费，需要实行政府定价管理的，要纳入地方定价目录，明确管理权限，规范定价办法和程序，有效约束政府定价行为。对纳入政府定价管理范围的停车设施服务，要综合考虑停车设施等级、地理位置、服务条件、供求关系及社会各方面承受能力等因素确定收费标准。要通过政府网站公布本行政区域范围内实行政府定价管理的停车设施名称、收费标准、收费依据等信息。

（六）加快推行差别化收费。鼓励各地结合实际情况，推行不同区域、不同位置、不同车型、不同时段停车服务差别收费，抑制

不合理停车需求，缓解城市交通拥堵，有效促进公共交通优先发展与公共道路资源利用。

对不同区域的停车设施服务收费，要根据停车供需状况差异，并考虑道路路网分布、公共交通发展水平、交通拥堵状况等因素，划分不同区域，实行级差收费。供需缺口大、矛盾突出区域可实行较高收费，供需缺口小、矛盾不突出区域可实行低收费。对城市外围的公共交通换乘枢纽停车设施服务，应当实行低收费。

同一区域停车设施，区分停车设施所在位置、停车时段、车辆类型等，按照"路内高于路外、拥堵时段高于空闲时段"的原则，制定差别化服务收费标准。适当扩大路内、路外停车设施之间的收费标准差距，引导更多使用路外停车设施。对交通场站等场所及周边配套停车设施服务，鼓励推行超过一定停放时间累进式加价的阶梯式收费。要根据不同车型占用停车资源的差别，合理确定停放服务收费标准。鼓励对新能源汽车停车服务收费给予适当优惠。要合理制定停车服务收费计时办法，逐步缩小计费单位时长，加快推行电子缴费技术，鼓励对短时停车实行收费优惠。

四、规范停车服务收费行为

（七）严格落实明码标价规定。停车设施经营者要严格落实明码标价制度，在经营场所显著位置设置统一标价牌，标明停放服务收费定价主体、收费标准、计费办法、收费依据、投诉举报电话等，广泛接受社会监督。

（八）健全市场价格行为规则。要加强停车服务收费市场行为监管，对交易双方地位不对等的，要通过指导双方制定议价规则、发布价格行为指南等方式，合理引导经营者价格行为，维护市场正常价格秩序。

（九）严厉查处价格违法行为。加强对停车服务收费的监督检查，依法查处不执行政府定价政策，利用优势地位、服务捆绑等强制服务强行收费、只收费不服务、少服务多收费，不执行明码标价规定，不出具和使用规定收费票据，在标价之外收取未予标明的费用等违法违规价格行为，保护消费者合法权益。

五、健全配套监管措施

（十）强化机动车停放服务管理。加强停车服务行业管理，制定完善服务标准和服务规范。充分发挥行业协会作用，依法制定机动车停放服务行为自律规范，引导停车设施经营者合法诚信经营，加强内部管理，自觉规范服务行为，提升停车服务质量。加强对停车设施经营者服务行为的监管，严厉打击无照经营、随意圈地收费等违规经营行为。

（十一）加强诚信体系建设。建立城市停车设施经营者、从业人员信用记录，纳入全国统一的信用信息共享交换平台，并按规定及时在"信用中国"网站上予以公开，对失信行为实施跨部门联合惩戒，逐步建立以诚信为核心的监管机制。

（十二）推进收支信息公开。对向停车泊位收取的城市占道费、经营权有偿使用费等，收取单位要公开相关收支信息，主动接受社会监督。对公益性停车服务设施，要积极研究探索由经营者通过网站等渠道公布收入、资金使用等信息的办法。

各地要高度重视完善机动车停放服务收费政策工作，切实加强组织领导，建立健全工作机制，明确部门职责分工，结合地方定价目录和当地实际情况，抓紧制定、完善本地区机动车停放服务收费管理办法，细化落实各项政策措施。城市人民政府是停车设施规划、建设、管理的责任主体，要科学编制停车设施专项规划，加大政策扶持力度，加快推进停车设施建设，提升停车信息化管理和停车装备制造水平，加强停车综合治理，促进停车产业健康发展。各级价格、住房和城乡建设、交通运输部门要按照各自职责，加强市场监管，建立协同监管机制，形成多层次、全覆盖的监管网络，全面提升监管工作实效。原国家计委下发的《关于印发〈机动车停放服务收费管理办法〉的通知》（计价格〔2000〕933号）自本意见印发之日起废止。

国家发展改革委

住房和城乡建设部

交通运输部

2015年12月15日